优秀的人
从来不会
输在表达上

从不会说到优秀表达的说话技巧

王　鹏◎著

百花洲文艺出版社
BAIHUAZHOU LITERATURE AND ART PRESS

图书在版编目（CIP）数据

优秀的人从来不会输在表达上 / 王鹏著 . — 南昌：
百花洲文艺出版社，2017.11
ISBN 978-7-5500-2486-1

Ⅰ.①优… Ⅱ.①王… Ⅲ.①语言艺术－通俗读物
Ⅳ.① H019-49

中国版本图书馆 CIP 数据核字 (2017) 第 262447 号

优秀的人从来不会输在表达上

王 鹏 著

出 版 人	姚雪雪
责任编辑	袁 蓉
美术编辑	末末美书
制 作	许 可
出版发行	百花洲文艺出版社
地 址	南昌市红谷滩世贸路 898 号博能中心 A 座 20 楼
邮 编	330038
经 销	全国新华书店
印 刷	三河市祥达印刷包装有限公司
开 本	670mm×970mm 1/16 印张 16
版 次	2017 年 11 月第 1 版第 1 次印刷
字 数	190 千字
书 号	ISBN 978-7-5500-2486-1
定 价	39.80 元

赣版权登字 05-2017-441
邮购联系 0791-86895108
网 址 http://www.bhzwy.com
图书若有印装错误，影响阅读，可向承印厂联系调换。

目 录 Contents

第三章　巧妙运用"中国式"说话技巧

表达的时候一定要合乎风土人情，不要陷入教条主义，巧妙运用"中国式"说话技巧，表达的时候切忌苛刻，学会有理也要宽容的相处之道。

第四章　一切从赞美开始

每个人都愿意听赞美的话，都希望自己的价值得到别人的认可，尤其是来自朋友的认可。赞美他人可以使人与人之间的感情更加融洽。

第五章　所谓会说话，就是懂幽默

生活中与人交流，一定要学点幽默的方式和方法。在遇到冷场的时候"幽上一默"，可以让你受到周围人的喜爱。幽默是一种语言技巧，更是人们适应环境的一种特殊语言工具。

第六章　在职场中，掌握说话主动权

擅长表达的人，懂得通过掌握说话的尺度和方法，运用说话的技巧在工作中赢得说话的主动权，进而提升工作的效率，提高职位。

第七章　酒桌上的说话之道

和同事、合作伙伴、朋友等会餐时的说话技巧关乎很多事情的成败，要想成为优秀的人，就需要掌握会餐和酒桌上的说话方法。

第八章　关键时刻，学会说"不"

优秀的人面对同事、同学或亲戚朋友不合理的要求，勇于及时拒绝，及时说"不"，不会为了"一团和气"而迁就他人。

第九章　如何表达，才有说服力

在工作和生活中，很多时候，沟通和表达的目的是说服他人。掌握说服他人的方法，就能在工作和生活中事半功倍。

第十章　这样说，就能化解困境

即使再优秀的人，在工作和生活中也难免遇到挫折，犯下错误。学会掌控表达和沟通的技巧，才能避免损失，减少麻烦，在困境中依然掌握主动权。

01

第一章

懂得礼仪，是会说话的基础

为什么都喜欢讲礼仪的人

沟通交流在我们的日常生活中扮演着非常重要的角色，它不仅能传达信息，更是人情世故的重要一环。我们常听到别人说："同样的话，怎么从你嘴里面说出来就变味了？"可见每个人说话的方式不同，得到的结果也会不同。

如果你是一个"言之有礼"的人，谈吐恰当、含蓄、有见解，你的话听着会使人感到很舒服，更容易被人接受，也会给人留下深刻的印象，别人则更愿意与你深交下去，你办起事情来就会轻松很多。

相反，如果你是一个开口脏话连篇，甚至说话带刺，恶语相向的人，那么定会被大家所反感。慢慢地就会使别人产生误解，阻碍你与他人社交活动的步伐，严重的也许会使你变成"孤家寡人"。

人们常说"言为心声"，因为谈吐不仅是一种交流手段，更是一个人道德情操、思想水平、文化素养的体现，我国从古代开始就有了"非礼勿言"的道德评论准则了。在我们的生活中随处可见许多正式的、非正式的礼貌忌语；所谓"礼貌忌语"就是在交谈中不礼貌、不庄重、涉及谈话人的禁忌，或者是容易引起他人误解的言语；当然，这些话是不能说的。毕竟，"礼多人不怪"说的就是这个道理。

　　小王是一个性格大大咧咧的女士。一天，她带着四岁半的儿子去给同事过生日。席间，她话语中流露出孩子饿了，想吃点东西的意思。女主人是一个非常好客的人，就走过来对小王说："孩子饿了，咱们的饭菜还没有做好，要不先让他吃点蛋糕垫一下。"听到这话后，小王扯着大嗓门回应道："我就是让他饿着，也不会让他吃蛋糕这种垃圾食品！"

　　听完小王的话，女主人的脸瞬间僵住了。那些正在吃蛋糕的人也一脸尴尬，有几个人还默默地放下了手中的蛋糕，走向了一边，气氛真是冷到了极点。

其实大家都知道蛋糕这个东西不太好，但是为了同事间的友谊，以及主人的盛情难却，大家都选择快乐分享。只有小王实话直说，引起了女主人的误解，搞得大家都很没面子。也许小王的本意是不愿意让孩子吃太多含奶油、防腐剂的食物，但是表达方式不太好。如果她说"谢谢，不用了，饭菜马上就做好了，再等一会儿吧"，这样的话，不仅保证了孩子不吃垃圾食品，而且也会让女主人以及大家都觉得没什么问题。她却因为不注意说话的礼貌和方式，搞得大家都很不开心。

不管是生活上、职场上，还是朋友与朋友之间、同事与同事之间联络感情，都离不开彼此的交流。社交上，什么话能说，什么话不能说，怎样说更显得有礼貌，招人待见，这都是大有学问的。所谓"人生不外言动，除了动就是言，所谓人情世故，一半儿是在说话里"。但凡不通说话之大道者，很难成就大事，而能成大事者，在语言上都有一定的造诣。特别是在当代社会，说话的艺术就是成功的艺术。

当然，说话有礼貌并不太难。难的是没有一些固定的标准来监督我们长期坚持下去，养成良好的习惯。因此，我们根据以往的经验稍作总结。

大体上来讲，我们最常用到的就是敬语、谦语和雅语。

敬语，字面意思就是对别人尊敬的话语。在一些比较正规的场合，与师长或者身份地位较高的人交谈，与人初次见面或者出席会议、谈判等场合常会用到敬语。比如我们常用到的"请""您""贵方"等。如果是跟尊敬的人初次见面，则应该用"久仰"，如果是很久不见就应该说"久违了"等。请人批评为"指教"；麻烦别人称"打扰"；托人办事为"拜托"；称赞别人的见解高明为"高见"；请求别人的原谅为"对不起，请包涵"；等等。

谦语就是表达自己谦卑的词语。一般谦语会出现在别人夸奖你时，你为了表达自己虚心下问，或者是不会骄傲、怠滞，会再接再厉努力奋斗而使用的话语，如"拙见""拙作""见教"；又或者是向别人介绍自己或家人的一些谦称。例如，"家兄""家父"等。

雅语是在一些长辈在的情况，或者在一些受人尊敬的地位较高的人面前使用的话语。比如，你正在招待一位尊贵的长者，使用"请用茶""请用一些点心"肯定比"喝点吗""吃东西不"更恰当。再如，你先于别人结束用餐，离开时，你对大家讲"我吃完了，你们慢慢用"，也肯定比什么都不讲，直接走人的好。

除了上面列举的那些词语，我们在生活中也常常会接触到"早上好""很高兴见到你""谢谢""劳驾""很抱歉""再见""欢迎再来"等礼貌用语。

　　由此可见，只有在生活中礼貌待人，大家才能礼貌待你，你也能受到大家的尊敬和喜爱！

选对称谓，说话更得体

无论是同事、朋友还是恋人、夫妻，一见面就要称呼对方。恰当的称谓可以迅速提升你的魅力，让交际顺利进行，也能让你更受欢迎；不恰当的称谓可能会让别人感到不快，你也许会被大家冤枉地扣上"轻浮"的帽子，阻碍你以后展示魅力。

恰当的称谓，就是让别人从你对他的称呼中感到对他的尊重，以及对他职业、地位等的钦佩和赞美。这样，他就会有一种满足感和自我优越感。当然，你就更能受到他的欢迎了。所谓"好人缘"，一般都是从这里开始的。

一般来讲，对有头衔的人就称呼他的头衔，这样会显示出你对他取得的成就的一种莫大尊重。直呼其名一般是在关系比较好的人之间，如果你与有头衔的人关系非常密切，私底下直呼其名反而更显得亲切、舒服。但如果是在公众场合，你称呼他的头衔更为恰当。不过，对于学位，除了博士可以作为称谓使用以外，其他的学位就不能作为称谓来使用。

恰当地称呼别人是一件非常繁琐而又讲究的事情。为什么这样说呢？因为在称呼别人之前你要根据对方的年龄、职业、身份，以及你与对方的亲疏关系和谈话场合等一系列因素，做出综合分析之后才能选择出一个恰当的称呼。如果你不注意这些，或者习惯"以偏概全"式地看待他人，导致称呼不得体，就会引起对方的不快或者是恼怒，使交流的双方陷入尴尬的境地。

　　刘女士今年还不到26岁，但是由于她结婚早，平时需要照顾女儿，上班又忙，也不注意保养，所以，看上去要比实际年龄更大一点儿。一次，她去平时逛街的商店买一条裙子。新来的售货员是一个小姑娘，很热情地跑来招待她说："美女，你想买什么，来我帮你推荐一下。"

　　但使小姑娘纳闷的是，刘女士听了不但没有搭理她，反而生气地瞪了她一眼就离开了店里。这种奇怪的举动让小姑娘很纳闷，她不明白是怎么回事。后来店长悄悄地跟她讲："下次你直接喊她刘女士就行了。"

　　原来，这位刘女士经常来这家店买衣服。她也知道自己长得显老，不愿意让别人把自己称呼得过小，因为这样她会感觉别人是在挖苦她。店长跟一些老员工都知道这个情况，但这个小姑娘是新来的，所以她不知道。

　　过了几天，刘女士又来逛这家店。那个小姑娘亲热地招呼她："刘女士，您来了，看想买点什么？"这下刘女士高兴地随着小姑娘在店里挑选衣服，最后满意地买了条裙子回去了。

因此，交际中一定要注意到很多细节，恰当地使用称谓。要尊重对方，也不能过于呆板；既要显得亲切，也不能太过轻浮。千万不要使用对方难以接受，或者是轻视对方的称呼。否则，不但会引起别人反感，还可能会招来记恨。一个会说话的人，在对别人的称呼上是一定不会马虎的。总结起来大概要注意以下几方面。

首先，看谈话者的年龄。

初次见面称呼对方，浮现在脑海中的第一个念头就是"对方多大"。一般来讲，别人的年龄要少说几岁，别人的东西要往贵了说。你说她年龄小，就是从侧面说她年轻、漂亮，对方的心里肯定高兴。如今的许多老人也都有一种不服老的心理，尤其是女性，所以，能喊"阿姨"的就不要叫"奶奶"；能喊"姐姐"的就不要叫"阿姨"。

其次，要考虑与谈话者的亲疏关系。

生活中面对跟你关系比较亲密的朋友、同事等，一开口，直呼其名既简洁又显得亲密无间。但如果是多年未见的朋友或者是老同学，称呼"女士"或者"先生"，就会过于生硬。

此外，在公众场合，更要注意亲疏远近和主次关系。一般都是先长后幼、先上后下、先女后男、先疏后亲。

再次，从事不同职业的人，都有一些约定俗成的称呼。

不同职业的人，我们一般都有一些约定俗成的称谓。比如，对医生称呼为"大夫"；对农民称呼为"大爷""大娘""老乡"；对教师称呼为"老师"。所以，在称呼他人时，还要考虑对方的工作或职业。

然后，称呼要入乡随俗，注意它的地域性。

我们国家有许多的称呼都具有地域性。如天津，不管对方女性年龄有多大，一般都带着浓重的口音称对方为"姐姐"；再如，北京人爱称别人"师傅"，但南方人口中的"师傅"就是出家人的意思。称呼时要注意入乡随俗，并了解这些称呼的地域性，避免产生误解。

最后，不同的场合称呼的"宜"与"不宜"大不同。

在公众场合或者是正式场合，像"哥们儿""姐们儿"等这一类的称呼，会显得庸俗低级，都不宜使用。再如，逢人便称老板，也会显得不伦不类，让人很反感。

最有力量的话语：谢谢

"谢谢"，作为我们基本的礼貌用语，在现代日常的交际中有着举足轻重的地位。

公交车上别人给你让座，说声"谢谢"，会瞬间让你的形象提升几个层次；别人帮自己拿东西，说声"谢谢"，对方会觉得你是个懂得感恩的人；摔倒了，别人帮了自己一把，说声"谢谢"，会让别人觉得你很有礼貌。"谢谢"一词再简单不过，但是此词一讲出，就会让你立刻拥有赢得别人好感的魔力。

也许，生活中你会听到这种抱怨："我不介意帮他做任何事，但是，他连声'谢谢'也不说会让我觉得自己帮他帮得毫无价值。"又或者"我为他做了那么多，他连声'谢谢'都没说过。"

小张是个以自我为中心的人。本来大家都知道他家里有两个孩子，生活上需要他的照顾。所以每次组里加班，大家都帮着他做，尽量不让他加班晚回家。但是，慢慢地，大家发现，大家每次帮他做了这么多，他别说买点水果、小礼物什么的来感谢大家了，竟然连声"谢谢"都没有。再后来，他甚至把自己的工作理所当然地丢给其他的同事，好像跟自己无关似的，搞得大家很伤心。久而久之，大家都觉得他"心太凉"，不懂得感恩，就不再帮他做事了。有什么活动，或者是好事也不告诉他。最后他成了这个办公室里的"外人"。

孙倩是一个办公室里新来的行政文员，性格有点儿内向。一次，经理让她把市场风险报告做好，下午开会用。但是孙倩不会做这种报告，又不好意思问其他同事。结果马上要开会了，她还没有做好报告。幸亏一个男同事及时将自己之前的调查报告拿给她，并指导她怎样做，她才能及时地在会议上将报告拿给大家。事后，她非常感激那位男同事。但是又不知道怎么表达，就经常帮他倒水、倒咖啡。大家感觉很纳闷，还打趣地说孙倩对那个男同事有意思，弄得孙倩和那个同事都很尴尬。

虽然我们知道表达感谢的方式有很多种，比如送花、请吃饭、送小礼物等，也有很多人推崇行动大于一切。但千万不要轻视"谢谢"这个很不起眼的词，它是传播一些绝对重要信息的最简便方法。

所以，感激他就要说出来。不要因为"谢谢"太简单，而让自己与好人缘失之交臂。只是在说的时候要讲究一些技巧。

一、态度一定要真诚

"谢谢"不是简单的一个词，轻描淡写地说，会让别人觉得你很虚伪，不是发自内心的感谢。一定要记住，不要带着目的性去做什么表面文章，而是你真的想要感谢他。这种感谢应当是发自内心的，诚恳的、真诚的。

二、要自然、直视对方

在表达你的感激之情的时候，一定不要东张西望、畏首畏尾的，一定要直视对方。因为在互相注视的时候，你的话才显得是出于真心，感情才显得更加真挚、可贵。并且注意，此时说话一定要清晰自然，不要吞吞吐吐，含糊其辞，更不要虚假客套。

三、要明确告诉对方你感谢他的具体事情

俗话说"无功不受禄"，感谢也是如此。如果你只是一直握住对方的手说"谢谢"，别人就会有些不知所以，云里雾里的。而且，只说"谢谢"两个字也会显得空洞，没有诚意。所以，在说"谢谢"的时候一定要指出感谢对方在哪方面帮助了你。例如，"我真的非常感谢你能在会议上支持我的建议""我非常感谢你帮我介绍了王总"等。

四、话里表示出你要回报的意思

别人帮助了你，你字面上的感激肯定是要说的。但如果在说感激的同时能够表达出你会"报之以李"，也就是当他需要帮助的时候，你也会给予他回报，会使"谢谢"锦上添花。比如，"感谢你努力促成我们

的这次合作，以后能用得着我的地方，你尽管开口！"

五、在请他吃饭时告知你对他的感激之情

邀请帮助你的人去吃饭，在饭桌上把你的感谢之情表达出来，是最常用也是最恰当的方法。有句话说的是"酒后吐真言"，如果此时你言辞情真意切，更能表现出你对他的感激之情。当然，饭后给他送份礼物，并附带纸条在上面写明你感谢的缘由，对方肯定会感到很欣慰。

六、开口说"谢谢"时，注意体现你非常重视他

在表示感谢的时候，一定要记得带上对方的名字。例如，"谢谢你"跟"谢谢你，小李"所产生的效果是完全不同的。尤其是你们双方都不太熟悉的时候，这样说最能表示"你"是我真的非常重视感谢的那个人。

相信每个人在听到别人真诚的感谢时，心里一定是很高兴的。如果你想成为一个受欢迎的人，就把你的感激之情表达出来，永远都不会错。

沉默，说话时不可或缺的工具

无论是在会议上还是在闲谈中，又或者是各类业务的洽谈上，你经常会遇到那些激情满怀、滔滔不绝的健谈者。可能，你也梦想成为像他那样"上知天文，下知地理"的"才子"；又或者在大部分人都在夸奖他"聪明""有才"时，甚至你会产生一些小小的嫉妒。

不过我想说的是：聪明人必须表现出自己的聪明吗？聪明人非说话不可吗？聪明人一定有话可说吗？

有句话说的是"庸者健谈，智者沉默"。看来，并不是所有的交际交流中"侃侃而谈者"都会受到大家的喜爱和欢迎。当稍有一点学衔、名衔的人在公共场合中大发宏论，滔滔不绝，却在讲述着众所周知的事情时，在大家的眼中，此时他不但做得很蠢，而且很招人烦。

所以，不管你说得对还是错，再亲近的同事、朋友和家人，都不可能没完没了地听你一直讲一些大道理。沉默有时是必须的，适时的沉默是当今社会不可或缺的礼貌。

王强是一个销售公司的经理。闲暇之余，他喜欢给大家讲一些冷笑话，活跃一下气氛。一次，他给大家讲了一个"小明"的故事。他说道："放学回家，小明往一位叔叔身上吐了一口痰。这位叔叔不但没有责怪他，反而给了他5块钱，并告诉他：'对别人也要这样。'那么，大家猜猜，10分钟后，小明会怎样？"不等王强说完，一个快人快语的业务员就忙接话说："这个我知道，小明的脸肿了，我看过这个笑话！"他说完这话，大家觉得也没什么意思了，就都悻悻地散开了。一场以放松为主题的小活动也被那个快嘴的业务员搞砸了。

上面的例子说明，在很多时候，说话的人并不喜欢别人的帮忙，别多嘴抢着回答。儿童的幼稚可笑之处，就是在于他们总是在不该说实话的时候说了实话。简单的沉默做起来不难，难的是如何让你的沉默变得高品位，让你不说话却反而更有礼貌，更招人待见。一般来讲，当你遇到下面的情形时，你最好的选择就是沉默。

1.当别人误会你，或者根本就不想了解你说的内容时。这时候，解释只会越描越黑，多说也只会让他人更讨厌你。

2.当大家都在聊八卦时。大家都爱聊八卦，这是谁都没办法控制的事情。八卦能让人放松心情、振奋精神，似乎生活也变得更好了。但当你听到了一些八卦，尤其是关于你朋友的八卦时，你最好还是管住自己的嘴，不要用你的语言来贬低别人。

3.当双方有争执时，保持沉默。要是你这时候还不住口，你可能会受到牵连。

4.在别人发表明显错误的言论后。有时别人对一件事情的态度或者言论有着明显的缺陷。你当然可以及时纠正他，但如果那人反过来对你进行愚蠢的攻击，那你倒不如保持沉默，轻声地笑一笑，就让那个人充分展现自己的愚蠢吧！

5.当你不知道怎样接话的时候。叫得最厉害的人永远是没本事的；要是你没什么好说的，那就保持沉默。说话要抓住重点，这样别人才愿意听。

6.在别人讲笑话的尾声时。在别人讲笑话的时候，最不愿意被别人打扰，尤其是故事接近尾声的时候，你突然说一句："抱歉，你刚刚说了什么，我没听清。"这样不仅表现得不尊重对方，而且也会招来别人的厌烦破坏整个氛围。不如表现出很专注的样子，适时加进一些新元素，和大家一起说说笑笑。

7.当别人夸赞你的时候。如果在聚会或饭局上，你的朋友在谈论一些话题的时候，突然把你推了出来说："对了，他在这方面可是行家啊。"这种时候，不必说很多"专业的话题"来证明自己，不如谦虚一下，做一个简明的概括，既证明了实力也能获得别人的赞赏。

8.当你不想发火的时候。很多时候有些人会利用批评来激怒你，不要中了圈套。发火只会产生一系列不好的结果。不要让他们得逞，心胸大一点，克制住自己的暴脾气。此时，沉默会让你变得更强大。

9.谈判或销售的过程中，另一方在自我辩护时。这种时候最好保持沉默，不要在对话出现空白的时候因为感觉尴尬，而说出一些本不应该说出的话，这样做反而会损害到自己的利益。销售过程中，如果对方出现了沉默，他们一般是在思考，这种时候千万不要打断顾客的思路，而是给顾客充足的时间让他们自己去思考、做决定。

10.当别人需要你的倾听时。其实，许多人找你谈话、抱怨一些事情时，他并不需要你给出意见或者是建议，他仅仅是想发泄一下自己的情绪。此时保持沉默，回馈一个简单的微笑才是最正确的选择。

总之，每个人都拥有不同的生活方式，不必争一时长短。在高手面前，不懂装懂只会让人家觉得你幼稚、无礼、可笑，沉默才会使你更有礼貌；在多说无益的时候，沉默也是最好的解释；只有看懂情形，适时"沉默"才能让你的交际更完美。

从开始到结束，在说话中时刻体现尊重

　　生活中，言语上不尊重别人的人随处可见。一些人到餐厅吃饭，习惯性地对着服务员呼呼喝喝，好像他们天生就是来服侍自己的一样；对达不到自己服务要求，或者碰到跟自己辩解几句的服务员，就会抱怨对方没礼貌，没素质，有时还会恶语相向。

　　公交车上，对那些染着黄头发的年轻人大声叫嚷着"黄毛，让一下"。如果遇到不理睬的，就会大声辱骂，严重的甚至会大打出手。

　　公众场合，看到某个人长相奇特，就对人家指指点点；或者看到一些打扮前卫的姑娘，就对她们言语轻佻。

　　其实，日常交流中，尊重他人非常重要。试想，如果别人不尊重你，对你呼来喝去的，你又怎么会愿意搭理他呢？又或者别人对你说出侮辱性的语言，那你肯定会选择跟他绝交。还有一些自欺欺人的人，一边做着他口中所说的"没素质"的事，一边又叫嚷着别人不道德。

　　人人都是平等的，你语言上表达出什么，你就会获得什么。你话里对他人表现出尊重和理解，别人就会回报你尊敬和喜爱。当然，如果你总是出口伤人，别人又怎么会尊重你呢？言谈话语里尊重他人，可以让你无论是和朋友、同事，还是和家人、恋人间的谈话都更加地和谐。

除此之外，还有一些人，自己爱好什么，或觉得干什么最有价值，就要极力劝说朋友来仿效。自己爱好写作，便劝朋友也写作；自己爱好打篮球，便劝朋友也打篮球；自己经商发了财，便劝朋友也来经商……朋友若不听其劝，不是说朋友胸无大志，就是说朋友太傻。

楠楠是个业余写手。平时在家喜欢给杂志社或者文学网站写一些东西。后来她业余写作的收入也挺不错，所以最后她索性就把自己的正当工作给辞掉了。一次，她去一个远房表婶家里参加婚宴。席间，她的表婶得知她把工作辞掉了，就问她现在在家里做什么。为了表示谦虚，楠楠就半开玩笑地说："没做什么，就是在家里写写画画。"

听完楠楠说的话，她的表婶就开始说教起来了。一边说楠楠太傻，把这么好的工作辞掉了；一边又极力劝说楠楠来自己的保险公司做事。楠楠不好意思直接拒绝，就推辞说自己能力不足，做不好保险的工作。她的表婶又极力劝说她："怎么会做不好，做不好也没关系，我可以教你；要不然你在家里闲着干啥？来保险公司上班待遇也非常优厚！"搞得楠楠左右不是，最后只好草草吃了几口饭就借口走掉了，并且发誓，再也不来参加这种宴会了。

事实上，天生万物，各有不同。不要非要求他人与我们一样，不要总想着劝说改变他人。人不但各有其志，而且各有其趣。你认为有价值的东西，别人未必认为有价值，你感兴趣的事，别人也未必感兴趣。

　　况且情况因人而异，一条路你能走通，别人却并不一定能走得顺畅。每个人有每个人的专长，不能因为自己成功而去教唆别人和自己走一条路。

　　孔子云，"己所不欲，勿施于人。"优秀的演说家是永远不会把自己的那套意见或者理论强加给任何人的，他只会尊重倾听者。入世，就要接受不同，尊重他人与我们的不一样。

　　所以，当你与别人交流时，要保持彼此互相尊重的心态，讨论但不要争论，不要说出类似"笨蛋""迂腐"等带有侮辱性字眼的话；不同意，也要学着以宽容的心态去理解他，这才是最明智的说话技巧。

　　不要谈论别人的短处，也不要传播谣言，不要让这些事占用你宝贵的时间。尊重他人的隐私，不做谣言的传播者，才会让别人更喜欢你。

　　我们要谨慎对待别人的感情。以牺牲别人为条件的玩笑都不值得，哪怕是很小的一点都有可能伤害到其他人，破坏你的人际关系。

　　更不要对自己亲密的恋人、朋友，或者是家人说狠话。因为狠话大都没经过大脑，所以说出来特别难听。将"即使天下男人都死光了，我也不会跟他处对象"，换成"我还需要更多的时间来考虑一下我们该怎样相处"，给他一个台阶下，也给对方一个尊重自己的机会。

　　古往今来，懂得尊重他人，是永不过时的金科玉律。从现在开始，开口之前先将"尊重"二字在脑中思考一下，也许喜欢你的朋友就会越来越多。

克服自卑，沟通才顺畅

可能你会遇到这种情况，跟一些比自己地位高或者德高望重的人讲话的时候，总是不敢说话，即使讲话也总是"大气都不敢出"。因为你怕自己的话太浅显，所以没有底气；更怕别人问到自己时，自己会回答不上来。在这种情况下，你总是希望别人把自己遗忘，不要过来跟自己说话。

其实，这是内心不自信，卑怯的一种体现。"卑"就是自卑，"怯"就是胆小、怯懦，它的反义词就是"自信""勇敢"。

首先来看看"自卑"这个词。"自卑"和"自信"，都有一个"自己"的"自"。差别是，对待同一件事情的态度不同，自信的人会说我能做，而自卑的人则会说我不能做。

面对偶像，自信的人说：我要成为像他那样的人，我要掌控自己的命运。而自卑的人说：我什么都做不成，只能随波逐流，庸碌一生。

自卑的人，说话的言语之中充满了对自己的否定和不好的评价，自卑的最大的害处就是自我否定。一个人一开口就总是说"不"，没有开始之前就已经丧失了追求美好事物的想法，没有想法就没有行动，没有行动又怎么能追求到幸福呢？"自卑"就是所有问题的源头，只有自信的人才能根据自己的期望做出改变，为自己赢得机会。

李梅是一个来自偏远贫穷山村的女孩，长相普通，毫无财力和背景的她却在自己的努力下，在上海这座大城市闯出了一片天地。一次回乡探亲，好多人都来向她请教成功的秘诀，而她则给大家分享了自己刚到上海面试的情形。

刚到上海，她就给上海著名的某公司投递了做销售业务员的简历。在面试这个环节，人力资源经理问她："只有中专文凭的你，怎么能让我们相信你能把销售这份工作做好呢？毕竟，女性在销售这个行业上还是处于劣势的。"

李梅用铿锵有力的坚定语气回答道："虽然我没有文凭，也很贫穷。但是我有手有脚，能走路，有嘴巴能说。客户不会因为你的文凭高就来买你的东西，也不会因为你很穷，穿着不好，或者是女性而不买你的东西。贫穷反而能促使我做别人不能做或者不愿意做的事情，女性这个性别也会成为我的优势。这个世界上只有一个李梅，相信我一定能够做一朵在冬日里盛开的梅花！"

李梅讲过这些后，经理投来了赞许的目光，当即就决定聘用李梅。

以后不管走到哪里，对待每一件事，李梅都会用同样充满自信的话语表明自己的决心。

"虽然有时候说出了'豪言壮语'，最后却没能成功，但喜欢我的人却越来越多，我也越来越成功！"最后李梅用这样一句话结束了她的分享。

是的，也许你的人生并不如意，也许你对自己的表现也不是那么满意，但你要知道，其实大家都是这样的。当时间一点点过去之后，你会发现，许多当时自己认为根本过不去的坎，到后来连那些"坎"是什么都不记得了。没有必要觉得自己不如别人，更不要事事都妄自菲薄，自我贬低；不要一开口，别人就不愿意再听你说下去，连尝试的机会都拒绝给你。

事实上，人们确实都愿意跟自信的人交流和交往。因为自信的人，言语会有一种激情和爆发力，鼓励大家去追求美好的事物，让生活变得越来越好。

接着，再让我们看看"怯懦"。这个很好理解，就是自己有想法，但是因为胆子小，怕出错，而不敢说出来，或者是怕说出来后犯错。

这样的人相对于自卑的人更好一点，因为他至少已经有了自我的想法。但这样的人在社会交际中也会让别人渐渐对自己丧失兴趣。

试想一下，如果别人跟你讲话时，你总是唯唯诺诺、没有朝气，顾左右而言他，那么你也肯定想早早地结束两个人的谈话，免得两个人都不自在。

因为你会觉得跟他谈话没有意思，获取不到新奇、有用的信息，不但帮不了自己，反而会觉得他的话里充满了虚情假意。

再一个，如果你的朋友发现了你的失误，只是因为怯懦没有告诉你，那你肯定会很不开心，甚至开始渐渐疏远他。因为你会认为他不告诉你，是别有用心，即便他只是胆小没说出口。

　　由此可见，卑怯心理是沟通交流的一大阻碍，它只会使跟你交流的人慢慢失去跟你交流的兴趣和欲望。日常交流和交往，卑怯心理不可取。只有谈笑间充满自信，才会让你的谈话更加游刃有余，让自己的言论充满吸引力和魅力。

02

第二章

高效交流的七种武器

说话简明扼要，不做"啰唆先生"

　　我们都会有这种感觉，跟那些说话语无伦次、啰啰唆唆、拖泥带水的人沟通起来会很费劲。这样的人，除了让你搞不清楚他究竟要说什么以外，还浪费你的时间，搞得人心情很烦。因此你只想早早地结束跟他的谈话，甚至有时直接打断跟他的谈话。啰唆，是沟通交流中的一大缺点，它会直接阻碍你的日常交流。

　　小燕最近想在市区买房子，于是就趁周六日去售楼部了解一下情况。接待她的是位二十出头的小姑娘。因为小燕工作时间很忙，现在住的地方离这边售楼部又很远，她不想把时间一次次地浪费在路程上，所以就想知道新房什么时候开盘，价格是多少，以便回家后也能跟家人商量。

　　"是这样的，因为盖一栋楼的话，我们首先要有土地证，有了土地证再去向政府申请规划证，而楼层要出地面两层才能办建筑证，办完了建筑证才能办预售证，办了预售证我们才能对外销售。现在我们的售楼部刚完工，其他手续还没有办全，公司说了正在抓紧时间办，但是……"那个销售员啰啰唆唆地讲了一大堆。

"请直接跟我讲什么时候开盘，价格是多少！"小燕不想再听她讲这些无用的信息。

"是这样的，女士，你是因为怕我们的价格高吗？放心吧，相比较周围的楼盘，我们的价格肯定是最低的。就拿去年6月份跟我们一起开盘的某地产，同样的地段我们的价格比他们低了400-500元，而且我们这边的客户如果开盘当天交首付的话，楼层间还会再减免一部分差价，并且放款总额还会再减5000元，还有……"

不等这位销售员讲完，小燕就拂袖气愤地推门离开了。

上面的故事虽然可笑，但在我们日常的生活中却屡见不鲜。

当今社会是一个高速发展的社会，无论是工作还是生活中，做什么事情都需要快节奏，在沟通交流的语言上也是如此。在新时代快节奏洪流的压迫下，穿靴戴帽、冗杂繁长的客套话，慢慢地受到了排挤和摒弃。好的语言往往不在于多，只要精准达意就行。这样就需要我们对自己的语言进行搜集、筛选跟简化。

首先，搜集就是要对我们所要讲述的话题或者回答的问题进行广泛的资料搜集，以及对内容真实性的验证。

跟别人汇报或者交流之前一定要先弄清楚自己想要告诉别人什么，或者别人想从你口中听到什么。在你自己还不清楚明白的情况下，或者相关问题的资料没有准备好，真实性没有得到验证的情况下，你只会越说越没有底气，哼哼唧唧地浪费时间。

交流之前自己就要先把准备工作做好，要提前考虑到交流中可能出现的问题，而自己想要了解的问题也要提前准备好，这样才能提高我们的沟通效果。

其次，筛选就是过滤不必要的语言，留下最主要的。

很多人讲话的时候喜欢把自己的一些小毛病带进去，比如"嗯""昂""我就是说……我就是说……""哎呀""天哪"等。虽然这些词语有时候能让我们引起他人的注意，加强我们的语气，但是一句话中出现多次这样的口头禅，会扰乱听者的思维注意力，他可能只顾听你"嗯嗯啊啊"的，而没有听清楚或者真正理解你要表达的主要内容。

还有些人一开始跟你开口讲话时，脑子里其实是没有东西的，他不知道跟你怎样开始，于是就跟你东扯西扯地讲一些边缘的或者别的话题来拖延时间，等自己后面想到了真正的问题或者话题再接着顺杆爬。其实，他前面讲的一大段都是废话，完全可以删除。

最后，简化的意思很简单，就是把你的语言压缩，把你的语句缩短。

很多人喜欢在跟别人谈话时运用重叠语。如"我的天哪，我的天哪"。其实明明一个"我的天哪"就能表达出的惊叹之情，为什么非要再加上一个"我的天哪"呢？

还有人说话时的语言意思重复，如"我觉得，可能……""我诚惶诚恐，坐立不安"等。"我觉得"之后就可以直接往下说主要内容了，干嘛要加个"可能"呢？"诚惶诚恐"跟"坐立不安"意思基本一样，也没必要把它们俩都摆出来。

更有意思的是，有些人喜欢用一些形容词，如"我深深感到……"，在这里，如果把"深深"去掉，是不是想要表达什么就能直指核心了呢？

说话简明扼要、精准达意是一个人拥有果敢性格的体现；也是一个人认识能力和思维能力超强的表现；更体现了一个生机勃勃的现代人应该具有的精神面貌。简明扼要、精准达意的表述可以增加你语言的魅力，是作为一个现代人应该具备的一项说话技巧，它可以让你更轻松地说服和感染他人。所以，日常沟通交流切忌做"啰唆先生"！

先抛出重点，抓住对方的兴趣点

　　无论是大学生还是小学生，在课堂上听老师讲课肯定有过这样的经历：刚开始听老师讲的时候精神头都很大，理解也比较透彻，到后面越听越糊涂，越听脑袋越大，最后直接是听着听着就睡着了，结果错过了老师讲的最主要的内容。

　　但是我们可能也有过这样的经历：在听别人讲悬疑故事，或者是鬼故事时，总是能把眼睛瞪得大大的，屏气凝神，生怕漏掉某个细节。

　　为什么同样是听别人说话，听者的反应会差别这么大呢？

　　这里的区别就是，讲话者对所讲内容的处理顺序不同。前者按部就班，一板一眼地讲，后者耍了个"小心机"，他先将高潮部分呈献给大家，就是先"爆点"，然后再加以抽丝剥茧似的解释，慢慢地紧紧抓住了听者的小心脏。

　　我们都知道，一般报纸或者网络媒体，都会根据读者的爱好来拟标题，通常标题就是整则新闻的爆点。而拟标题的人，从不担心读者看了标题，就不看详细的新闻了。因为先爆点，反而会使他人多问几个为什么。"为什么会这样？""为什么这个富豪会破产？""为什么这对明星会分手？"最后老老实实地把整则新闻都看完。

其实，在日常交流上也是如此，一个懂得说话技巧的人，一定要懂得"先爆点"，先激起别人继续听下去的兴趣，抓住听者的心，然后再讲述那些细枝末节，绝不会本末倒置。

小金是一个资深人力资源经理，对员工的培训和鼓励是他日常很重要的一项工作。由于近期经济不景气，销售额下滑，老板决定让他召开一次会议鼓励鼓励大家。

面对垂头丧气的大家，小金说的第一句话竟是："下个月，我们每位坚持奋斗在第一线的业务员工资将会翻一番！"

听完小金的话，原本耷拉着脑袋玩手机，唉声叹气的同事，一下子来了精神。眼神里写满了疑惑："为什么会翻一番？""难道要给我们涨工资？"

面对大家的疑惑，小金娓娓道来："上个月咱们的同事王伟，在那么艰苦的条件下，竟然超额完成了30%的任务，拿到了13000元的工资，这都是大家有目共睹的吧？"听完小金的话，大家都纷纷点头。

"这个月，我们会将后期服务成本投入提高2成。这样，在同等条件下，因为顾虑售后的潜在客户就可能会增加2成。"他接着为大家剖析。

"我们的销售方针也作了调整，放宽首次订货款门槛，小额订单就会大批涌进。"大家都在凝神倾听。

"在员工福利方面，公司会对那些整月市场出勤超过23天的给予1000元的奖励，出勤不满23天的则处罚500元。但我相信，我们的员工不可能出现出勤不够的情况！所以，这1000元的奖励肯定会加到工资上的！"

"然后还有……"

在接下来的过程中，谁也没有玩手机，每个人都竖起耳朵，唯恐错过什么重要的信息。

本来以为1小时的会议，大家会觉得枯燥无味，哈欠连天。没想到在小金这个"高人"的引导下，直到最后一刻，大家也都还意犹未尽。

其实，无论是在什么情况下，人们总是容易记住自己最先听到的话，越往后，大家的注意力就越不集中，当然就会对你讲的话越来越没兴趣了。可以说，只有懂得"爆点"的人才会更快速地抓住听者的心，接下来也会更顺利地说服和感染到别人。

想要做到这点也非常容易，你只要记住一个原则，就是关注对方、直面问题，将最主要、最吸引人的内容放到最前面。

比如在回答别人的问题或者向上司汇报时，别人问什么你就回答什么，并且要直接回答结果。

如果对方对你的结果有疑问，并且在时间允许的情况下，他就会继续听你讲下去。这时你就可以详细解释其中的原因、条件，以及整个证明过程，并且要谨记，在详细回答原因、条件和过程时，也要遵循这样的条理和顺序，把最主要的放在前面讲，千万不能胡子眉毛一把抓，前后不分。

比如，讲话时，多提他们最关注的话题和时事，并在此基础上加以修饰和引用，引发共鸣。

再如，在讲话时，为彼此的谈话加点"雷人"的话语和笑料。说出一些出其不意的话语，大家第一时间就会在潜意识中觉得很有意思，你也能立刻吸引住大家的注意力。

总之，先讲"爆点"再开讲是最能吸引谈话者注意的。生活中多多掌握和积累类似方式可以使你讲给他人的话更具吸引力和诱惑力，让你们接下来的交流更加愉悦和顺利。只要灵活利用这些小技巧，就能将你的听者牢牢地抓在手心里。

不要急于表达，要让对方听明白

不知道你有没有遇到过这样的尴尬。当几个朋友，或几位同事在一起聊天的时候，其中某个话题勾起了大家的回忆，本该是一段很有意思，很能引起大家共鸣的故事。而你却因为内心兴奋，噼里啪啦、语无伦次地讲了出来……

而你还没有讲到高潮的地方，其他人的注意力就已经转移到了别的地方，新的话题已经开始了，只剩下你一个人还在之前的话题之中，但已经没有人在意了。这种时候，你是该继续说刚刚未完的话题，还是该加入到新的话题中呢？

生活中，虽然大家并不讨厌快人快语的人，但绝大多数时候也不太喜欢与快人快语的人共事。

因为讲话语速过快的人，说话就像打机关枪一样，噼里啪啦一串一串地讲了出来，有时连他自己都不知道自己要表达什么，更别说让听的人听懂了。

　　崔红是名县医院的护士，工作能力非常强。但是她讲话时有一个毛病，那就是语速过快。很多跟她对接的同事、病患都无法听清楚或者是思维赶不上她的话语。一次，一位年轻的女士要做备孕前的身体常规检查，包括血液、血压、尿液、身高体重等和一些私密部位的检查。

　　崔红把她的检查码拿给她，然后就着急忙慌地说："先到三楼化验室抽血，把检查码给值班护士，到一楼测身高体重，再到三楼尿检……再到一楼检查白带。"

　　由于崔红说话很快，女人没听清，就让崔红又跟她讲了一遍。

　　跟第一遍一样，那位女士还是没有在脑子里记下这些东西，崔红又讲完了。

　　"不好意思，你再给我说一下，刚才我还是没听懂。"那位女士又问了一遍。

　　当问到第三遍的时候，崔红火了："拜托，我这里很忙，你不要再问我了，好吗？"

　　那位年轻的女士听了崔红的话，脸上挂不住，也很气愤地说："我不问你，我问谁！"然后两个人就越说越激动，吵了起来。最后还是护士长过来才解决了这件事。

　　你看，语速过快的人不仅会让对方产生错误的理解，很可能还会让彼此产生误会和摩擦。

　　因为，讲话急速的人，往往还会有这样的特点：浓重的地方口音，讲话声音很大，情绪容易激动。而这几个特点，往往都是恶性循环的。

讲话语速越来越快，而且声音越来越大，情绪也越来越激动，然后讲话速度就变得更快，甚至开始边讲边唾沫横飞……这个时候，别人肯定都不愿意继续听你讲下去了。

同样一句话，由于表述者的语速、语气不同，会得到不同的结果。比如，缓慢平静地问："你为什么还没有把这件事情做好呢？"跟语气快速又急切地问："你为什么还没有把这件事情做好呢？"让听者产生的理解就不同。前者给人的感觉就是一般性的疑问，但后者这样的说话方式就会让听者自动在脑海中补上一个感叹号，有质问的意思，产生不必要的误解。

再一个，语速过快、情绪过激还会让你受到别人的厌恶。想象一下，在一个公共场合，大家都在营造一个轻松愉快的氛围。只有你情绪激动、手舞足蹈地高谈阔论，仿佛这个世界都要听你讲话……这样的你，能不被人嫌弃吗？

我们讲"交流"，是两个人的事。只有你在讲的同时，对方能根据你讲话的内容，正确领悟、采取行动，这样的交流，才算有意义。如果只有你滔滔不绝地讲话，没有给对方留出任何思考时间，对方就无法理解你的讲述，那么你们的谈话就是浪费时间。

特别是一些年龄稍长或者是听觉有障碍的人，他们接受语言信息的能力本来就比平常人慢，思维敏捷度会稍微差一点儿，因此，"慢"点儿跟他们说话，他们才能理解得更透彻，才能让你们的沟通产生实际的意义。

说话语速快、语调夸张、抑扬顿挫的人，让别人思维跟不上，从而往往很难说服对方；相反，那些语速缓慢、沉稳有力，懂得适时停顿的人，让别人能够容易理解他讲的内容，则更容易有说服力。所以，讲话，说"慢"一点儿才会让彼此的交流既达到目的，又更高效。

　　一般来讲，说话快，跟讲话者的心理压力有关。讲话者会担心听自己说话的人没有耐心，所以想尽快把自己的意思表达出来。

　　其实你完全不必有这样的担心。既然你跟他有必要的交流，那对方肯定会给你足够的时间把事情讲完；如果他对你的讲话有意见，就会提出疑问，你也没有必要觉得不自信而过分紧张。

　　另外，在日常工作、生活中要积极地进行自我锻炼，养成讲话慢一点儿的习惯。比如，平时有意用比较缓和的方式，心平气和地和家人说话；找一个说话慢的人，与他经常交流、聊天；时间长了就会慢慢养成说话平缓的习惯。这样才能让听你讲话的人更高效地接受你的谈话信息。

适时提问，让谈话更有趣

在实际交谈中，不少人都有这样的感受：说到某个感觉很重要的话题后，自己讲了几句或两人沟通了几分钟之后就没有话说了，气氛有些尴尬。

但还有一种情况，父母往往能跟孩子在一件小事上讨论交流半天。

"麦苗长大后变成什么颜色？"

"变成黄色。"

"那它变成黄色后又能怎么样？"

"收获小麦。"

"小麦能做什么用？"

……

为什么同样是交流，却会产生两种截然不同的结果呢？

从沟通艺术的角度来看，第一种的"卡壳"现象就是因为交谈话题没有充分展开而引起的。究其原因，最根本的就是没有及时提问听讲者的感受或者疑问，只是一味地"倾泻"，而听讲者没有真正地融入到双方的谈话中来。

事实上，只懂得自己在那儿一个劲地"说"的，叫自言自语；有"说"有"听"的那叫灌输；而既有"说"又有"听"，还有问的那才叫交流。那么，想要对方参与进来的话，就要适时地进行"发问"。

某大型网站的CEO说："我管理公司是靠'发问'，不是靠'回答'。发问会启动对话，对话才能刺激创新。"

懂得在适当的时候提问题，让对方积极地参与进来，那才叫真正地懂得如何跟他人沟通。

王龙是一名著名的电台主持人，业内人送外号"点子龙"。因为不管是从来没有接触过的嘉宾，还是脾气古怪、非常难缠的嘉宾，他都能顺利地展开采访，并且使彼此都能交谈甚欢。

许多他的同事或者晚辈，都来找他讨教"秘诀"。

面对大家的提问，他说："其实，我也没什么'秘诀'，如果非要说'秘诀'的话，应该就是我喜欢及时提问吧。"

听完他的话，很多人都投来不解的眼神。

"一开始就先问嘉宾的禁忌，你就知道自己接下来什么能说，什么不能说；接着问他最喜欢关注什么，你就知道接下来怎样展开话题……让他的脑袋跟着你的提问不停地转动，总之，一切你不懂的，没有头绪的，都直接问就行！"

听完他的解释，大家响起了雷鸣般的掌声。

好问题是不容易想到的，没有智慧不懂方法是绝对不行的。想要了解对方内心深处的最真实的想法，很有必要学会掌握谈话时"适时"提出"好问题"的技巧。

首先，只要找到彼此的共同点，就立刻提问，打开陌生人的话匣子。

一个人的性格、生活爱好、职业特征等，或多或少地会在他们的谈话方式、表情动作、穿着服饰等方面有所表现。你要学会善于观察，发现彼此的共同点，并且抓住机会，及时开口询问。

例如，一名中年男子乘车跟一名驾校教练相遇，位置正好是在驾驶员后面的座位上。汽车在行驶途中抛锚了，驾驶员车上车下忙了一通但还是没有修好。这位中年男子建议驾驶员把油路再查一遍，驾驶员半信半疑地又检查了一遍，果然找到了原因。这位教练感觉这名男子的这个绝活可能是从部队学来的，于是就立即向他问道："你在部队待过吧？""嗯，待过七八年。""噢，那咱俩还应该算是战友呢。你当兵时部队在哪里？"……

于是这一对陌生人就愉快地交谈了起来。

这就是在观察了对方的谈话和做事方式以后，发现两个人有当过兵这一共同点，然后及时询问，打破了陌生氛围才让接下来的交谈成为可能。

其次，随着两人谈话的逐步深入，你需要依据"关我什么事？""他到底在说什么？""我为什么要相信他？"三部曲式的内容和顺序反过来对他进行试探和询问。

首先抛出第一个疑问"关我什么事"。因为，每个人都最关心跟自己有关的事情，如果一开始你就以提问的方式，暗示他，你接下来所讲的话题都是跟他有关的，那么他会非常乐意继续聆听你的谈话。

同理，在交谈过程中你需要对他提出的第二个问题——"他到底在说什么"。如果你发现听者眼神迷离，似乎有所疑惑，那就证明他有点听不懂你的话了，你就可以站在对方的立场上，试着问他"你有什么不明白的吗？"或"我这样讲你能理解吗？"。

最后一个就是"我为什么要相信他"。如果他听懂了你的解释或者结论，那么这句话就肯定是他接下来的疑惑。此时你就应该将"我为什么要相信他呢"及时地抛给对方。因为，此时这句话若变相地从你的口中说出，就会产生更强烈的疑问效果。旁敲侧击地暗示自己接下来必定会有关于这个疑惑的解释，当然，他也肯定乐意听你这个解释，因为这也是他此时的疑虑。

总之，在恰当的时机对听讲者提出"好问题"，可以说是双方交流的隐形推手，掌握了这一推手，就可以让彼此的谈话顺利前进，到达最终的目的地。

给予满足感，对方更想表达

　　有时候我们可能会非常纳闷，朋友、同事，或亲人们的聚会上，明明那个人口才不如自己，地位、威望也不如自己。但大家却都喜欢跟他讲话，"他把人都吸引到自己身边了。"

　　那你可能就会问了，难道他跟别人讲话有什么秘诀吗？

　　事实上，人们都愿意跟能够使自己感到快乐的人交谈，这种快乐就来自你跟他交流，让他产生的满足感。如果一个人跟你讲话，从你这儿可以得到对他的认可和肯定，让他内心充满力量，自我感觉良好，那他肯定更愿意跟你继续讲述自己的经验和经历，甚至是未来的规划。

　　而如果你是一个没说两句话就泼人家冷水，言语间充满了对他的蔑视，时不时地还会来几句批评的人。那他肯定跟你讲几句话就不愿意搭理你了，谁愿意有事没事给自己找不痛快呢？

　　所以，会说话的人一定懂得如何让他人产生满足感。

　　小宁是一个性格开朗、善解人意的女孩。无论是亲戚、朋友还是同事都喜欢找她聊天。

一次，小宁去参加一个同事女儿的满月宴。因为离宴席开始还有一段时间，小宁就跟其他的同事一起去看了下刚出生的小宝宝。女主人可能是因为刚生完孩子不久的缘故，面色有点不好，见到客人眼神总是躲躲闪闪的，话也很少说。

"看这小宝宝皮肤多白，多可爱。肯定像妈妈，因为我知道孩子爸爸的皮肤黝黑。"小宁一边轻轻抚摸小宝宝，一边跟女主人闲聊。

"嗯，应该是吧，大家都这么说。"女主人似乎很认可小宁的赞美，抬起头来微笑着回答道。

"其实我们都特别羡慕和佩服你，因为在公司里，你老公经常在我们面前夸你，说你善解人意，又能干，自己一个人就能把小宝宝照顾得非常好，他都插不上手。"小宁接着说。

"那倒也是，为了不耽误他的工作，不管白天、晚上，我都没让他照顾过宝宝，都是我一个人在照顾。"此时女主人脸上现出一丝得意的神情说道。

"我真的很佩服你。想起我坐月子的时候，我妈、我婆婆都来帮着我，可是我还感觉每天累得半死，觉也不够睡……真的很好奇你一个人是怎么做到的？你是不是有超能力呀？"小宁半开玩笑似的问。

"我哪有什么超能力。不过说起照顾孩子我还真有自己的一套心得……"

听完小宁的话，原本少言寡语的女主人，瞬间开始激情满怀地介绍起她的育儿经验了，直到宴席开始了似乎还意犹未尽……

　　由此可见，聊天时，让对方产生自我认可和满足的谈话方式，不仅有利于话题的展开，还可以使你受到大家的喜爱。但是，交谈时你需要怎样才能做到这一点呢？

　　想要做到这一点也非常简单，你只要在谈话中做好赞许、重视跟容纳就可以。

　　首先，赞许就是找出对方的长处，并加以称赞和认可。

　　当你跟别人交流时，要积极地称赞对方——即使是很小的成功，也要谦虚并真诚地表示你的钦佩之情。

　　如果对方没有特别值得称赞的成果，你也要仔细观察对方，以充足的理由发现他做的好事或者是他隐藏的优点，可以极大地让他产生满足感。比如，你对一位擅长投资理财的人夸他眼光好，夸他是这方面的行家，他可能并不在意，有时甚至还会认为你是在拍马屁，但如果你直接跟他讲你愿意学他那样去做慈善活动，也许他会乐昏了头。

　　其次，重视就是言谈话语间提高他的价值。

　　人们都不喜欢被列入"各位来宾""诸位""女士们""先生们"等概括性的范围内。大家都希望自己能作为一个独立的个体被认真看待。请不要把对方当成一个抽象的"人群"来对待，你是要和独立的这个人进行交往。所以，记住每个人的特性，是表现你对他们重视的最有力证据。

　　另外，在交流期间，"顺从"也是重视他的一种。有些人跟你聊天纯粹就是发牢骚，所以你只需要耐心地听他把话讲完，让他把情绪发泄出来，必要时，完全可以暂时地跟他站在同一立场——即使此时他的立场可能是错误的，以此来证明你很重视他，怕失去他这个朋友，可以让他产生很大的满足感。

最后，容纳就是以包容跟原谅的心态去与他沟通交流。

"金无足赤，人无完人"，任何人都有自己的优缺点。与他人交流时，不要强逼他人认错，处处打击他人；允许别人偶尔的自我感觉良好；不要吹嘘，更不要以自身的优秀气势压倒他人，而要抱着谦虚的态度承认自己也有缺点；你可以比别人聪明，但是你不要明确地告诉对方。必要时，甚至需要承认也许是自己搞错了，因为这样做可以避免一场争吵。

每个人都希望在工作、生活、学习的交际中做一个时刻受欢迎的人，只有细心积累实际经验，掌握使他人产生满足感的谈话方式，才会让别人跟你说话时感觉更舒坦，你们的谈话也就能更圆满。

谈论共同话题，瞬间拉近距离

朋友聚会也好，日常交际也好，大家都有自己的兴趣爱好，每个人都有自己的聊天领域。你总是可以看到那些有共同话题的人三三两两地在一起闲谈。如果你和他们说不到一起，那就说明你和他们没有共同话题了。

人与人交流、聊天，一定要有一个共同话题，才能够继续下去。如果你跟别人没有共同话题，三言两语就会无话可说，之后就只能坐在一个角落自娱自乐；经常被孤立，就会显得你不合群。久而久之，可能你自己也会有社交恐惧症，不愿意与人沟通，严重影响你的日常工作和生活。

如果两个人聊天有共同关注的话题，就可以不必浪费彼此的时间进行叙述和解释。当然，你们都关注这个话题，也从侧面反映了你们无论是生活习惯，还是工作、理想都有着相似和相同之处，这样双方就会把彼此归入自己的"同类"中，一聊天就能"一拍即合"，自然就亲近了许多。

可以说，一个会聊天的人，一定懂得谈论彼此都关注的话题。

悦悦的老公是一个红酒销售经理。因为业务的原因，悦悦经常会跟老公一起参加应酬。

一次，悦悦陪老公一起参加了一个公司举办的聚餐。由于都不熟悉彼此，悦悦和他们互相寒暄了几句客套话后，觉得实在无聊，就拿着手机跑到了沙发的一角看起了微博。

"你也是因为无聊才躲到这里来的吗？"一位穿着打扮端庄、大气，跟自己年龄差不多的女士笑着跟悦悦打招呼。

"嗯，是的，我们真是'同是天涯沦落人'。"悦悦半开玩笑地说。

"你喜欢关注微博吗？"女人不经意间瞄了一眼悦悦的手机。

"嗯，是的，平时我喜欢看一些没有压力的娱乐八卦，喜欢偶尔关注一下自己喜欢的明星。"悦悦回答道。

"真的吗？太巧了，我也喜欢这些。老公总是说我长不大，老跟那些小姑娘凑热闹，不过我就是喜欢他们呀，你看看胡歌，真是越老越有魅力了呢！"那位女士像找到了"知音"似的，惊奇地说。

"你喜欢胡歌吗？我也好喜欢他，他是我的偶像。"悦悦像发现了新大陆，异常激动。

"嗯，我是胡歌的'铁粉'。并且我觉得胡歌现在比他年轻的时候还令人着迷。"女人高兴地抒发着自己的见解。

"嗯，是的，我们两个的想法真的是一模一样。以前我对他感觉一般般，最近我觉得他的眼神里充满了人生的沉淀！"
悦悦说着，激动地握住了那位女士的手。

　　就这样，两个初次见面的人越聊越开心，越聊话越多，仿
佛是彼此久未见面的老朋友……

由此可见，和别人聊天时谈论两个人都关注和喜欢的话题是多么的
重要。所谓"相见恨晚"也不外乎像她们这样的情形吧。

其实，想找到谈话者关注或者喜欢的话题，瞬间拉近你们的关系，
并不难。你只要细心注意下面这几方面，就可以找到"蛛丝马迹"。

第一，最近的热点或者是话题

陌生人见面，无论是从朋友的话语或者是侧面的介绍中，你都能猜
测出对方最应该关注的话题。比如，饭桌上，一个朋友跟另一个朋友透
漏自己有买房的意愿。如果你此时能够表露自己也在关注这方面，并且
有最新的资讯，那么他肯定愿意跟你进行更多的探讨。

再如，年轻人一般都比较关注一些热点新闻、网络流行语、网红、
热点电影以及娱乐八卦。如果你跟朋友聊天能冒出一些网络用语，或者
说一些八卦娱乐话题，那么你们双方肯定会立刻进入"热聊"状态。

第二，共同经历或者兴趣爱好

几乎每个人都会经历或正在经历求学时代、工作时期，或者是结
婚、育儿时期，根据不同的人所处的时期，选择一个他最可能关注的话

题。比如，一个人新婚，你以"过来人"的身份讲述自己结婚的经历，肯定能引起他的"共鸣"。

比如，某人刚刚遭遇工作的调动，那么工作性质、薪资待遇、员工福利、未来发展等也是他现在最关注的话题。

再如，如果你得知一个朋友幼年时期曾经学过音乐，那么，你问他最近在听哪首歌，或者哪位歌手是他的偶像，也肯定能打开他的"话匣子"。

当然，如果你跟那位朋友相处得已经非常亲密了，有共同的兴趣爱好。此时，谈谈三观问题，将感情进一步升华，找到思想的共鸣，则可以让你们成为永远的知己。

第三，日常的"衣食住行"

闲聊时，大部分女人都喜欢聊一些穿衣打扮、吃饭旅游等比较"接地气"的话题。如果你跟她聊天时谈论哪个牌子的衣服款式好，哪个牌子的口红颜色不错而且滋润，哪个地方现在去景色刚刚好，等等，对方都会很感兴趣的。

当然男性也有男性喜欢的话题，例如，汽车、股票之类的话题。

如果和喜欢吃的人聊天，你们也可以聊一些喜欢的甜点、菜肴、饮品、水果，以及零食等美食，因为这些都是"吃货们"最喜欢的话题。

当然，一些运动类、家乡类的话题，有些人也比较喜欢关注。

03

第三章

巧妙运用"中国式"说话技巧

有理也要宽容，避免说话苛刻

俗话说，"有理走遍天下，无理寸步难行。"可见人们都知道没有理就很难得到大家的认同，可是有理，嘴上就能不饶人了吗？

你可能常常看到有些人引导或者批评别人，很有点"得理不让人"的意思，结果被批者不是不买账，就是口服心不服，结果都不愉快。生活中"得理不饶人"的"口水大战"屡见不鲜，更有甚者双方发生肢体冲突，造成人身伤害。

餐厅里，清洁阿姨很费力地刚拖好地。一名服务员却因为走路不小心，把客人吃剩的菜汤洒到了地上。那位服务员向扫地的阿姨道过歉后，扫地的阿姨仍然得理不饶人地咒骂道："说对不起有什么用？你走路不长眼啊？对不起能让被你弄脏的地面重新变干净吗……"

服务员见阿姨依然在那里喋喋不休，就反唇相讥道："我就没长眼睛又怎么了？我哪儿比得上您老那双'千里眼'呢！"

"怎么，你把我刚拖的地弄脏了，还有理了？没见过这么没素质的！"阿姨越发气愤。

"我没素质怎么了，那也比不上你，你才没素质！"

两人就这样当着客人的面越吵越凶，谁也不让谁，影响极其恶劣。最后，老板就只好把这两个人都开除了。

若是以一个外人的角度来看，这件事很简单，服务员道过歉，互相谅解一下就可以了。只不过每一个人都保持着自己的主意或意见，没有站在对方的立场，为他人着想，冲突与争执也就在劫难逃了。

如果每个人在开口讲话之前，凡事都能设身处地先为别人考虑考虑，做到"有理让三分，退一步海阔天空"，那些不必要的摩擦与争执也许就可以避免了。

我们说，人不是动物，与人交往，要考虑到别人的感受。"话到嘴边留三分"是我们在工作或者生活中与他人说话应具备的基本技巧。

丽萍是一个能力很强的销售经理，但就是有一样不好，总是"得理不饶人"，让人感觉很强势，难以接近。

一次，她让自己手下的一个小姑娘萱萱去火车站帮自己接一位客户，并嘱咐她，接到客户后立刻给她打电话。

结果到了晚上10点多了，那个小姑娘还没有给丽萍回电话，打电话也打不通。丽萍非常着急，就发动大家伙去火车站找人。

忙了大半夜，终于在火车站附近的医院找到了他们。原来客户突发急性阑尾炎，萱萱只顾着送客户去医院，忘了给丽萍回电话报平安了，之后手机也没电了，所以接不到电话。

那位小姑娘觉得自己害大家担心，以及耽误了大家休息，心里非常过意不去，从见面就开始不住地跟大家解释，并且向自己的经理丽萍道歉。大家纷纷安慰她道："不要放在心上，谁没有犯错的时候……"

只有丽萍毫不理会她的道歉，也不顾忌客户是不是在场。对萱萱不停地咆哮、臭骂："你知道由于你的失误我们浪费了多少人力、物力吗？麻烦你做事之前能不能先过过脑子？你是还没毕业的小学生吗？如果是这样的话你可以回学校再修炼个几年再出来工作了……"

萱萱觉得自己已经诚心地向同事道歉了，大家都原谅自己了，只有经理一直得理不饶人，还讲那些伤人自尊的话，觉得丽萍是有意针对自己，就伤心地哭着跑开了。客户也觉得脸上挂不住，借口身体不舒服而返程了。

说话讲理是理所当然的事情，但只有"让三分"才能让别人容易接受，否则就会被他人误认为你没有"人情味"。

对于员工来说，办公室是办公场所，人跟人相处难免会有摩擦；与他人合作意见不可能完全统一。然而，你说话总是咄咄逼人，凡事都要争个输赢，即使是你赢了，大家也会戴着有色眼镜来看你。感觉你是个不给友人留余地，不尊重别人，只知道一味争强好胜的同事。当然，暗地里大家就会避开你，这样你就失去了很多交到朋友的机会。而且被你"打败"的同事，也会在心里记恨着你，这样你又在无意之中多了一个敌人。

因此，工作中与别人交谈时，你一定要学会抑制自己。不能总想着如何在言语中占据上风，不然久而久之，同事们就会疏远你，对你敬而远之。

也不要在生活中的日常小事上，一见对方有漏洞，就誓死捉住不放，非要让对方败下阵来不可。毕竟，许多事情都是"公说公有理，婆说婆有理"，没有固定和统一的标准可言。你一味地抓住别人的小辫子不放，盛气凌人地兴师问罪。殊不知，最后可能是你有理，你赢了，但情却没了，对你的日常交际无疑是"弊大于利"。

所以，"话留三分软"，大度一些，宽容一些，睁一只眼闭一只眼，给他人一个台阶下，也给自己一个机会，兴许以后你会收获更加纯真的友谊。

"难得糊涂"比实话实说更有利

　　与他人交往，我们经常会被问到一些我们不想回答，或者是难以回答的问题，例如，"我的建议好还是王总的建议好？""我的衣服漂亮还是她的衣服漂亮？""你是支持我还是支持他？"等等。这些陷我们于两难境地的问题，都被我们戏谑地称为"我和你妈同时掉水里，先救谁"这一千古难题。

　　面对这类问题，你说实话可能就会得罪人，显得没有"人情味"，不说实话又显得非常虚伪，真的是左右为难。此时应该是最考验一个人说话水平的时刻了。

　　一个懂得说话艺术的人往往懂得弱化核心的问题，模糊主题，跟他人"打打太极"，轻轻松松化解危机。

　　张亮是一个很能说的"段子手"，大家都非常喜欢他。不仅因为他说话幽默风趣，更主要的是他"很会"说话。

　　有一次，他跟同组的姗姗、小雪、小张等好几个人在一起喝茶闲聊。聊的正在兴头上时，同组的大美女姗姗开玩笑地说："亮哥，你总是时不时地就夸我能干，夸我漂亮。那如果我跟小雪因做错事，同时被老板骂，甚至要开除一个人的话，你会选择开除谁？"

结果张亮回答说："我觉得你们两个是肯定不需要我来插一脚的，你们两个是好姐妹、好搭档，虽然没有在同年同月同日进公司，肯定愿意同年同月同日出公司！"

张亮说完这句话，大家瞬间被张亮的幽默和机智折服，纷纷哈哈大笑起来。

其实，很多时候我们跟他人交流时，直面问题往往会伤到对方，或者是与该话题无关的第三者。此时最好的办法就是装装糊涂，做出一副局外人的样子。既把该说的话说了，又没有明确表示自己的立场；既圆了场，又不违初心。

马云参加中国传媒大学的节目时，跟周星驰有一场"天马行空"的"巅峰对话"。

当时的情形是，周星驰执导的电影是由华谊兄弟出品的，而马云又是华谊兄弟的副董事长。因此，两大行业的精英就有了交集。两人都被邀参加当时中国传媒大学的节目。

在节目期间，周星驰首先问了马云一个问题："马总你喜欢的女演员是谁？"

这可是一个左右为难的问题，不管是回答哪位演员，都有可能被媒体或者是有心者过度地剖析，甚至故意歪曲解读。

　　而此时，看热闹的周星驰还不忘甩锅："这个问题我很想知道。我不敢问，现在你们问，学生想知道，不是我。"

　　马云既没有直接说我不知道，又没有愤怒地拒绝回答这个问题，而是平静而谦卑地说："很多人问过这个问题，我自己也问过自己这个问题。说心里话我是真的没有答案。我稍微想想。"

　　一句话就轻松地避开了要害。

　　由此可见，把握对方的心理，掌握"难得糊涂"式的谈话方式，在你日常的人际交往中就显得十分重要和必要。因为这种方式既可以挽回提问者的面子，又可以巧妙地化解自己的尴尬，让你的回答充满"人情味"。那么，你应该怎样掌握这一说话技巧呢？

　　首先，转移话题。

　　在社交场合中，如果某个话题弄得谈话双方变得对立，而且正常的交流已经无法进行的时候，这时你可以就地取材来转移话题，暂时把大家带出那种紧张氛围，选择用一些比较轻松、愉快的话题来取代之前的敏感话题。既能活跃气氛，转移大家的注意力，又能将之前的敏感话题淡化，使之前对立的场面重新被调动起来。

　　在朋友之间因为某个话题而争得面红耳赤的时候，如果你故意忽略矛盾的根源，来一句"要把这个问题争明白，比赢球还要难"，这样就可以轻松地转移大家的注意力，让气氛缓和，使接下来的交谈顺利进行。

　　其次，故意曲解。

　　在社交场合中，交际的双方因为彼此的语言或行为而造成一些误会：比如说出了一些令人尴尬的话语，做出了一些诡异的行为，导致尴尬局面的出现，这种时候我们不妨装作不明白的样子，从另一个方面进行解答，从而改变尴尬局面使气氛缓和。

例如文章中张亮回答姗姗提问的那段，回答"开除"哪个都是不合适的。这时候故意"驴唇不对马嘴"似的回答她们，把难题又轻松地抛给了两位女主角，使得大家又可以在快乐的氛围中进行交流了。

最后，寻找借口。

有些人常常会在一些场合做出一些不合常理的举动，使大家在交际活动中陷入窘境。这种情况下，最好的办法就是找出一些合理的解释来证明那些不合常理的举动在此情此景中是正当的、无可厚非的。既化解了尴尬，又能使别人对你产生好感。

友善相处，不揭他人短处

俗话说"打人不打脸，骂人不揭短"，字面意思就是：即使是跟人打架也不能打别人的脸；即使是跟人吵架也不能说人家的短处。因此，说话时揭别人的短处，其严重性就像"打别人的脸面"，令人无法忍受。

古往今来，无论一个人的出身多么高贵、地位多么显赫，他都有着别人不能冒犯的角落，这个角落就是他的"短处"。

"短处"就是一个人的缺陷、弱点。这些"短处"可能是生理上的缺陷，也可能是隐藏在内心深处不愿回首的往事。这些往往是他们最不想也不愿提及的"伤疤"，是他们在日常交际中极力隐藏、回避的事情。

被别人击到痛处，对任何人来说都是非常痛苦的。很多人吃得了闷亏，吃得了明亏，但唯独不能忍受别人让他"没有面子"。无论是谁，只要你触及了他的伤疤，他都会想尽办法进行反击，以获取内心的平衡。

虽然每个人都有说话的自由，但你讲话之前也一定要仔细思考，千万不要以为他跟你关系好就拿对方的缺陷开玩笑，也许下一秒你的好朋友就会成为你的"仇敌"；更不要以为你是上司就可以侮辱自己下属的尊严，说不定哪天他就会给你"穿小鞋"，让你为自己的口无遮拦付出沉重的代价。

陈建是一个物流公司的老板，出身农村而且没上过什么学的他竟然在自己的努力下拥有了掌握着上千号人的大公司。每个人说起他都会竖起大拇指，啧啧称赞。

一次，他儿时的玩伴从乡下来投奔他，想在他这里谋个差事，费了好多口舌，保安终于放他进去了。

一见到陈建，这位老兄不顾他周围有好多下属在场，就大声嚷嚷起来："哎呀，二狗子，你现在混得不赖呀！你还记得我吗？我是跟你一起光屁股长大的黑娃子呀！就是以前咱俩上学的时候总是旷课出去的那个。那时候你可真是鬼机灵，干了坏事总让我背黑锅。记得一次咱俩旷课出去偷别人的红薯烤了吃，结果红薯刚烤好，还没顾得上吃，主家就追过来了。你倒好，撒腿就跑。因为跑得太快，把炭火都踢到了我的腿上，你看看，现在我腿上还留着这道疤呢。你想起来了吗？还有一次……"

这位老兄的话还没有讲完，陈建就坐不住了。心想：这人太不识趣了，竟然当着下属的面讲我以前的糗事，让我的脸往哪儿搁呀！于是，就打电话让保安把他轰了出去。

故事中的黑娃子就是因为当众揭了陈建的短，让他在下属面前下不来台，才会让板上钉钉的工作不翼而飞了。

日常生活中，当众"揭人短"不可取。不注意说话方式，却因此"好心办坏事"的方式同样不可取。

> 梅梅的男朋友以她太胖为由，跟梅梅分手了。"胖"也确实是梅梅最大的一块心病。因为不管自己怎样努力，体重就是降不下来，她就是那种"喝口水都胖的人"。为此她非常地自卑，从来不会主动找别人聊天。
>
> 公司里有一个跟她关系要好的同事，知道了这件事情。见她这几天愁眉不展，就当众说起了安慰的话："那个人有什么好的，就他那样的，还想找个漂亮苗条的？做梦呢吧！"还没等她说完，梅梅就生气地跑开了。此时，那个同事才意识到，自己虽然没有直接说梅梅的短处，但话语里不就从侧面反映了梅梅是个"大胖妞"了吗？

就这样，本来是安慰梅梅的一句话，却无意间揭露了梅梅最大的"短处"，造成了朋友的误解。

如果一个人被当众揭短或受到批评的时候，让他感到害怕的不是责难与批评，而是批评所唤起的以往的感受和印象。这些感受和印象往往来自他过去的经历。这时，那些被侮辱、被蔑视的场景就会在他的脑海中重现，唤起之前受过的创伤。人都有趋利避害的本能，最不想回忆之前所受的创伤。

再者，当一个人被别人无意间"揭短"的时候，他们就会过分解读话语本身，不认为这只是针对其工作做出的客观评价，而会感觉自己说的所有话和做的所有事都遭到了否定，内心会产生极大的恐惧感。

　　所以，在人与人交流时，一定要在说话的语言上注意"避讳"。"瘸子面前不说腿短；胖子面前不提身肥；东施面前不言面丑。"这是每一个人都应知道的常识，也是维系人际关系的基本准则。只有懂得尊重他人，不"揭人短"，不去触碰他人的"逆鳞"，你才能获得周围人的尊重，成为大家都喜爱的人。

处事低调，说话切忌炫耀

人人都有得意的时刻，也有能拿来炫耀和显摆的地方。与他人分享自己的快乐和优点没有错。但如果不懂得收敛，不看时机、不看场合，甚至不顾忌当时的听者是不是正处于人生低谷的时刻，那就是你的错了！

因为，有些话，说错了时机，找错了人选，就会成为浅薄的代言，难免会被他人扣上"作秀"的大帽子，令周围的人侧目。

当别人正遭遇着困苦，心如死灰的时候，你不懂得送上一个拥抱安慰安慰也就罢了，竟然还在他面前大谈特谈自己现在过得如何春风得意，如何富有，是不是太不近人情了呢？你这样的做法，无疑就是在人家的伤口上撒盐。不仅得不到别人的敬佩和欣赏，还会遭人厌恶，招人嫉恨，甚至失去朋友。

婷婷已经30岁了，由于各种原因，她兜兜转转谈了好几个男朋友，最后都吹了。所以她到现在依然是单身，成了别人口中的所谓大龄剩女。前几天又因为一件小事跟自己的嫂子绊了几句嘴，就赌气从家里面搬出来了。现在的她既没钱又没家，心情差到了极点。正在她懊恼的时候，手机突然响了，是一个陌生电话号码。

原来是她之前的一个好姐妹蓉蓉，无意间从别人那里找到了她现在的联系方式，就拨通了她的电话。

"这么久没联系了，你是不是发达了？都不跟我联系了！怎么，过得怎么样啊？"电话那头的蓉蓉问。

"嗯，还行……"婷婷欲言又止。

"我结婚了，现在也有宝宝了。老公是一个银行的经理，很高很帅，而且很疼我。本来结婚的时候还想请你来呢，但是没了你的联系方式，就没通知你。"电话那头的蓉蓉异常兴奋。

"嗯，那恭喜你了！"婷婷客气地说。

"那你呢？也肯定结婚了，老公是不是又高又帅，是不是乔振宇那种类型的？当初咱俩被称为厂里的两朵鲜花，他可是咱俩的梦中情人呢，都发誓要找个这样的老公。"电话那头的蓉蓉继续喋喋不休，而婷婷听起来心里很不是滋味。

为了掩示自己的不安，婷婷就故意把话题引到了宝宝身上："你的小宝宝多大了？"

"宝宝快3岁了，家里人都特别宠他。我也是命好，碰到了好公婆。孩子长这么大，我都没管过，花钱都是他爷爷奶奶出，而且……"

婷婷隔着手机都能感受到对方的炫耀、得意之情，她实在不愿意继续听蓉蓉说下去了，就借口外面有人喊自己，匆匆挂掉了电话。内心无法平静的她，挂断电话后就把这个电话号码直接拉进了黑名单。

由此可见，不管你是有意或者无意，都不要不分场合地卖弄自己的得意之事，特别是在失意的人面前。

失意的人此时心理就像脆弱的蛋壳，稍微一碰触就会被击碎。人在情绪低落的时候，比平时更容易多心。别人所说的每一句炫耀得意的话，在他听起来都像是在嘲讽和讥笑自己；他会觉得别人是在故意戏弄他，看他的笑话，内心充满了负面情绪。

并且，有些时候这种负面情绪还会演变成仇恨，深深藏在他的内心深处。他不仅会慢慢地疏远你，也许在你日后某一天遇到麻烦的时候，就算他能帮到你，他也未必会伸出援手。因为他要寻求自己报复心理的平衡。

所以，当你有了得意之事，不管是升职加薪，抑或是一切顺利，你可以在演讲的公开场合谈，可以对你的员工谈，就是不要在失意的人面前谈！

不在失意的人面前谈论你的得意之事，不仅体现了你为他人着想的美德，更能体现出你是一个懂得如何与他人交流的聪明人，这是人际关系处理上的一种"藏巧"智慧。

也许当时并没有正处于失意状态的人，但总有境况不如你的人。此时你吐沫横飞，满面红光地讲述自己的得意之事，就会让那些不如你的人产生"被比下去"的想法。

听他人得意扬扬地讲述自己的得意之事后，人们普遍会有一种怀恨的逆反心理和一种嫉妒心理。最初可能只是郁郁寡欢,继而是疏远你、说你坏话,甚至是扯你的后腿。这会成为你人际关系上的危机,对你是绝对没有好处的。

一般来说,失意的人都希望有一个倾听者来排解他心中的苦闷。因此,这个时候,你应该多倾听少诉说,然后选择在一个恰当的时候真心附和,表明你能够理解他,并且可以分担他的痛苦。

如果你实在做不到与他人感同身受,不能承担别人的痛苦,那就适当地隐藏自己得意的锋芒,不在失意的人面前谈论自己的得意之事。这总比在他面前趾高气扬地谈论自己的"得意之事"要讨喜得多。

运用同理心，看准他人情绪再表达

与人交往，难免会遇到许多这样的情形：一位少妇情绪激动地抱怨自己的婆婆偏心，只给哥嫂看孩子，不给自己看孩子。

一个小伙子气愤地指责上司待他不公。因为他每天加班，上司不给加工资也就算了，还当众批评他。他感觉自己受到了极大的侮辱，甚至开始怀疑人生。

一位多年老友，悲愤交加地向自己坦言刚刚经历的一场不公平的待遇，他为此感到痛不欲生，并且越说越激动，甚至有一种想出去打人的冲动。

此时对你说话水平的考验就来了。你到底该说些什么？是轻轻地说一声"我很遗憾"，然后任其发展？还是扮演拉拉队队长给他打气？抑或是做出"忙得脱不开身"的样子，不管他的闲事，毕竟多一事不如少一事。到底什么才是最好的做法？

在这里你首先要明白这样一个情况——那些跟你抱怨的人往往是跟你关系很要好或者是希望跟你拉近距离的人。既然他选择跟你分享自己的不幸，那么就表明他把你归为了"自己人"。向你敞开心扉，这是他在主动向你抛出友谊的橄榄枝，希望你们的友谊会更进一步。此时的他不希望你漠不关心，希望自己能得到你的回应。

一个想与他人继续建立情感上的连接，或者懂得说话之道的人，最聪明的回答就是和他站在同一阵线上。

小娟在一个饮品销售公司做后勤部助理。这个工作很烦琐、挑战性也很大。因为她每天都要跟那些销售业务员打交道。关键是这些业务员参差不齐，有的人文化素质很高，你一说他就懂了，沟通起来很容易；而有些人文化素质不高，他不仅理解不了公司的政策，需要小娟一遍一遍地给他讲解，而且还会怪小娟表达不清楚。

一次，跟往常一样，小娟将老板发布的最新销售政策发到了每个人的邮箱里，并提醒他们一定要注意在政策规定的时间内按要求完成任务。

可是，有一个叫石翔的业务员由于没有及时查看邮箱，导致没有按照公司的规定完成任务，被公司处罚了500元钱。他就把气撒在了小娟身上，对她极尽言语侮辱，两个人大吵了一架。

事后，小娟一边擦眼抹泪，一边向自己的女同事陈姐抱怨说："石翔算个什么东西，不就是一个小混混吗？我怎么就没提醒他了，政策不都已经发到他的邮箱里了吗？说我没尽到责任，他自己的事情自己都不上心，还怪别人！"

同事听她讲述了事情的原委，说道："嗯，在这件事上，你做得没错，我支持你，是那个业务员不讲理，你没必要跟这样的人生气。如果到时候需要我，我会站在你的立场上跟咱们老板说的，反正你邮箱里还留着给他发的信息的证据呢……"

小娟听自己的同事这样说，情绪就稍微缓和了一些，继续工作了。

过了几天，那位同事问小娟："上次那个事情处理得怎么样了？"

小娟不好意思地回答道："石翔跟我道歉了，说那天是他自己心情不好，我们现在没事了。不过我还是要谢谢你陈姐，因为当时我心情特别差，甚至都想到了辞职。要不是你支持我，可能我就做了错事了。毕竟仔细想想如果我真的一冲动辞职了，去哪里找待遇这么好的工作呢？"

从此以后，小娟跟陈姐就成了无话不谈的好朋友。

由此可见，面对一个情绪激动的抱怨者，与他站在同一边，保持相同的立场，反而会促进事情朝好的方向发展。

每个人在发生了不幸的事或者是受到了不公平的待遇后，对这段经历就会产生自己根深蒂固的看法，情绪都会非常激动。此时整理他人的情绪可以说是一个巨大的工程，但也是解决问题的一个突破口。

因为此类情绪激动的抱怨者，不是要你在听他讲完自己的不幸或者不公遭遇就冲出去为他打抱不平，他要的只是你能跟他站在同一边，让他尽情宣泄自己的不满，只是想从你嘴里听到你与他感同身受，能理解他，愿意与他一起分担失意的痛苦，愿意支持他，而非别的东西。

所以，在这种情况下，你千万不要不考虑发泄者激动的情绪，而站在另一个人的角度去为第三者辩解,以满足你"不说别人坏话"的高尚品德。你不妨扮扮可爱又无害的小丑,与他站在同一边,给这位朋友一种推心置腹的感觉,努力疏导他的情绪。不过,在这里你也要注意自己的言辞,不能忘形地添油加醋,使双方的矛盾更深;更不能为了讨好对方,就夸张地攻击他人;别讲很多针对第三方的话;本着对事不对人的态度表明自己的立场说话。

当然,在言谈话语间表明你跟他"是同一条船上的人"之后,你就可以试着将你那位情绪激动的朋友把焦点转移到自己或者其他人的身上;又或者忽略对方经历的独特性,讲一些看似"过分",却又寓意深刻的话,一步一步帮他走出情绪的旋涡。

说话讲分寸，不要捅破"窗户纸"

跟别人聊天，你经常会听别人说："谁谁谁老爱说'砸锅'的话，我可烦他了！"那么，何为"砸锅话"？为什么大家都不愿听到这样的话呢？

"砸锅"又称"砸饭碗"，常常被人们比喻做事失败。那么"砸锅话"就是用来比喻那些导致事情失败的话语，跟"拆台话"是同一个意思。

一般"砸锅话"都是当事人由于说话方式的不恰当，或者不注意表达方式，而引起他人误解或者产生歧义，进而导致好事变坏事，或者好心办坏事的情况。

毛凯所在的公司是业内知名的广告公司，他是一位资深的平面设计师。跟他一起工作的还有大兵、小静跟刚来的小伙子小林。

一次，一位客户想让毛凯把自己在别处设计的图片，按照现在的要求合成在一起。由于客户带来的原始图片都是固定的，没法编辑，跟现在他的要求尺寸又相差甚远，想要放在一起的话就需要重新设计，处理起来会非常麻烦，成本自然就高了。而在客户的话里行间，毛凯又听出客户并不想出设计费。为了不直接得罪客户，权衡之下，毛凯就跟那个客户说："这样的图片我们这里没有分层的大图，做不了。"

本来客户已经打算听从毛凯的建议，采用另一种方法了。没想到坐在他旁边的小林突然插一句："凯哥，这样的图片咱们能做啊，上次我不还见你电脑里有这个？"

听了小林的话，那个客户就以为毛凯是故意找借口想恶意加价，气愤地摔门离开了，搞得毛凯非常难堪。

还有一次，有个客户想要做个二维码的标牌，给客户做二维码的话一般都是用厚度300克的铜版纸。但是不巧那天做二维码的铜版纸没有了，客户又急着用。毛凯就想着彩喷纸效果也是一样的，无非是稍微薄一点，于是就打算用彩喷纸代替铜版纸。

由于小林坐的位置离彩喷纸比较近，毛凯就让小林帮忙拿一下空白彩喷纸。小林一边把彩喷纸递给毛凯，一边说："彩喷纸打印二维码不薄吗？"搞得毛凯非常地尴尬，好像他在以次充好一样。幸亏毛凯及时向客户解释，才避免误解。

因为小林经常无意间说一些"砸锅话"，令跟他合作的同事"下不来台"。大家都不愿意跟他搭伙干工作，慢慢地，小林就成了孤家寡人。

其实，说"砸锅话"的人一般都是无意的，是由于自己说话方式不正确，或者是没有真正了解事情的真相，就着急说话。

像文中这个"多嘴"的小林就属于无意的那种。这种人本身并无恶意，甚至可以说是"好心提醒"。但他却不知道，自己的"好心提醒"却让自己的同事陷入了两难的境地。

人向来都不喜欢"不请自来"的提醒，即使这种提醒是对的。因为每个人说话都有自己的立场跟观点，在你这里是对的，到了他那里反而就成了错的了。

所以，像此类人需要做的第一件事就是先倾听、不说话或者少说话。不管是对上、对下、对内、对外，话要说对，得先懂得"听"。只有了解了事情的原委，才能真正理解说话者的意图。要摆正自己的态度，"先说的不一定赢"，说话之前慢三分。

办公室的李薇因为新婚燕尔，正给大家发喜糖。兴奋之余不禁谈起了自己的老公以及他们的蜜月之行。

"我们一起去了夏威夷玩，玩得非常开心，并且见到了大明星李小璐。她本人真的比电视上还漂亮！"

"我老公特别地宠我，早晨起来牙膏都给我挤好，早饭也让服务员端到房间里了。而且老公真的什么都懂，什么都有经验。由于去得比较急，我还害怕订不上酒店，害怕自己住不惯酒店。没想到老公找的酒店那么舒服，我仿佛成了一位公主……"李薇兴奋地忘乎所以。

"他对你照顾得这么周到，之前肯定照顾过很多女孩子吧！"一位小伙子开玩笑地说。

此话一出口，空气瞬间凝固了，大家都不知道接下来怎么聊了，李薇的脸上也是青一块紫一块的，甚是难看。

公共场合，"砸锅话"要不得！你想想，觥筹交错间，大家都在夸奖女主人的衣服漂亮得体，有气质。你突然来了句"裙子好长啊"，是不是让大家都非常尴尬。因为如果你说的是实话，那么别人就都成了说假话的马屁精；即使你说的是事实，也会让主人觉得很没面子。你的一句"大实话"不要紧，把宾客和主人都得罪了。

再比如，办喜事时，大家都其乐融融地讲一些积极向上、轻松愉悦的话题。你来了就跟大家说"哪儿哪儿风水不好""谁家死人了"，是不是特别晦气？

可见，任何与当时环境，或特定说话者的意图不符的，我们都称之为"砸锅话"。不管是真话、假话、玩笑话、空穴来风的还是有事实依据的话，都不能说。

关键时刻别自作聪明地做捅破最后那层窗户纸的人，有时候"随大流"也不失为一种说话的智慧。大家都说"好"的时候你也说"好"；大家都说"坏"的时候你也说"坏"；大家都不说破，你也适可而止地住嘴吧。没准说话的人就是要保持自己的神秘感，想让听的人"自个儿悟去呢"！

04

第四章

一切从赞美开始

所谓赞美，就是夸得恰到好处

每个人都愿意听好听的话，听赞美的话；希望自己的价值得到别人的认可，尤其是来自朋友的认可。

对他人适度地肯定叫赞美，可以为自己和他人营造一份和谐的氛围。但若不分对象、不分场合，过度地说一些所谓的"好听"的话，反而成了拍马屁、奉承，甚至让听的人恼羞成怒。

姚大叔家的小兵先天性失声。但由于家里就他这一个独苗，因此家里人都特别宠他。从小还给他"留了个辫子"，农村人称为"燕尾"。

小兵10岁的时候家人给他进行了"燕尾礼"，也就是剪辫子。临村的余震是个有点儿拎不清的主。一天他赶集回来路过姚大叔家，见这家正在办喜事就想占个便宜，讨口酒喝。

邻里乡亲的开他玩笑："余大个儿，听说你顺口溜说得不错。来，给主人家说几句好听的，说得好这瓶酒就归你了！"

余震清清嗓子道："哎、哎、真是巧，天上掉下个大元宝，大元宝不得了，一看是个男宝宝。男宝宝真是好，开口就能喊姥姥……"

主人听了余震的话，心里非常生气，我儿子明明不能说话，他在这里竟然还说能"喊姥姥"，这不是看我笑话吗？

于是姚大爷跟亲戚朋友气愤地将余震赶了出去。

余震说的话在别人听来肯定都是赞美，但在姚大爷听来就成了刻意地奉承甚至侮辱了。由此可见赞美他人也有讲究，不分青红皂白地一味说好听的话，有时也会适得其反。

唐朝的宋璟是武则天时期著名的大臣，刚正不阿。

一次，一个人转交给他一篇文章，并对他说："写文章的是个很有才的人。"宋璟非常地爱惜人才，于是就马上拿起这个人的文章读了起来。他一边读还一边大加赞赏道："不错不错，此人真该重用。"

可是，读着读着，宋璟就皱起了眉头。原来，这个人想要得到宋璟的重用，就在文章中对他大加吹捧，这让宋璟很生气。

后来，宋璟就对送文章的人说："这个人的才学不错。但是言语极尽巴结谄媚之词，定是个溜须拍马的小人，重用这样的人没什么好处！"因此就没有推荐这个人做官。

由此可见，方法不对，赞美就会变成溜须拍马，惹人厌恶。因此，生活中与别人沟通，你一定要明白赞美与奉承的区别。

赞美是他人发自肺腑地针对某个人真实存在的优点或者长处的赞扬和钦佩。奉承则是由于讲话者本着某种不可告人的企图，毫无尊严地去恭维他人。

从他们的定义中你也可以看出赞美与奉承的表现与结果大不相同。

第一，赞美是真诚的。真诚赞美别人的人，是由于自己从另一个人身上找到了符合自己内心深处对理想和价值标准的认可。比如说，自己心目中的美女就是被赞美者这样的；又或者在某件事的处理上自己内心认为最正确的处理方法正是被赞美者采用的方法。因此，此时自己内心异常激动，情感顺势流露，自然而炽热。

奉承他人则是由于自己内心深处的某种目的，被动地在语言上对另一个人进行认可和钦佩。这种人在赞美他人时，内心时刻想着怎样说话才能从被赞美者身上得到投资和回报；怎样才能顺利完成与自己利益相关的事。此时脑袋和心不同步，就会出现"缝隙"，也就是虽然他嘴上激情四射地夸赞别人；内心却可能对此人看不起、嗤之以鼻。因此，脸上肯定会显示出不自在的神情。

第二，赞美一般都是实事求是，有理有据的赞赏。比如，一个真诚赞美他人的人会用"此人总是不拘小节，却在文学上造诣很深"来赞美别人。这样就非常有针对性和分寸。既提示了不拘小节是此人应该注意的缺点，又讴歌了他文学上令人钦佩的造诣。而绝不会用"完美""没有缺点"这些毫无分寸的字眼去赞扬他人。

奉承则是凭空捏造、没有事实根据地吹捧他人。因此，奉承的人只能借用一般的词语，来将夸赞的东西任意扩大，比如"我最最喜欢你""我非常非常崇拜你"，大事特夸、小事大夸、无事也要夸是这些奉承的人说话的特点。更有甚者，会把一个人的缺点说成优点，把错的说成是对的，以此来博取他人的欢心。这样的人时常会自以为聪明地向旁人挤眉弄眼，以显示自己非凡的本领。

第三，赞美可以给人信心，让他人获得直接的成功。赞美是有事实依据的，能让人从你的赞美语言中获得力量和信心；而过分奉承则会让听的人厌恶，甚至会认为你是在挖苦他，时间久了会导致你们关系的破裂。

因此，生活中你需要做一个懂得赞美他人的人，而不是一个只会一味奉承别人的人。与人交流要赞美，而不要奉承。

赞美对方得意之处，迅速成为他人"知己"

许多人都喜欢听好听的话，每个说话者也渴望自己说的话别人愿意听、喜欢听，自己做事情能够成功。

鬼谷子说：游说之人，是为了说服他人；要想说服他人，就得让对方感到满足。老话也说"话多不如话少，话少不如话好。"可见虽然是寥寥数语的赞美，但如果这话能够说到人"心坎里"，也能让听者心情愉悦，让你受到他的喜爱。

所谓赞美的话说到人"心坎里"就是：被赞美的那个人的自认为最自豪之事，得到了他人的共鸣，价值感得到了他人的认可，使自己的自尊心得到了极大的满足。

琪琪是保险业务员。10年前她从事这门职业的时候，正是好多人都不认可这个行业的时候。

一次，她要去说服王女士购买自己的保险。出发之前，那个曾经在王女士那里碰壁的同事就告诫过她："王女士是个油盐不进的主儿，非常地顽固。"

　　果然，在电话邀约中，王女士对保险充满了成见，琪琪费了好大的劲才让她同意跟自己见面聊聊。

　　一进门，琪琪就看到王女士正忙来忙去地收拾屋子，照顾不到2岁的小儿子吃饭。于是琪琪就静静地坐在沙发上观察着他们。

　　过了一会儿，王女士忙完了，就抬起头来对琪琪说："你看，我真的很忙……"

　　这时，琪琪没有直接推销自己的保险，而是微笑着说："王姐，刚才我在这儿坐着的时候发现您的家里收拾得非常干净。没想到您平时照顾孩子这么忙，还能把家里收拾得这么好，您一定是个对自己要求严格的人。"

　　听完琪琪的话，王女士开心地说："是啊，我老公也常说朋友来我们家做客，都夸我家干净，他觉得非常有面子。"

　　"嗯，确实如此，我也去过许多其他女士的家里，但都没有你们家干净整洁。"琪琪真诚地夸赞道。

　　"而且我发现您的儿子特别聪明、懂事。刚刚他吃完饭后把自己吐的西红柿皮主动扔进了垃圾桶里。其他小朋友在他这个年龄可是没有这个觉悟呢！你在家里把孩子教育得这么好，真的很了不起。"琪琪一边说一边竖起大拇指。

　　"可不是么，我也觉得我儿子特别聪明、懂事。有一次，他姥姥来我们家里做客，没人告诉他，他自己抓了几个瓜子给姥姥吃，就好像是在款待她。还有一次……"

　　王女士就像是开了闸的洪水，把琪琪当成了一个久未见面的老朋友，大谈特谈自己照顾家庭、教育孩子的心得。

那天她们两个整整聊了2个小时，临走的时候，王女士给自己和她的儿子、老公都买了保险。

琪琪正是由于懂得赞美王女士最得意的事情，让彼此的谈话变得很默契，才能顺利地达到自己的目的。

徐丹是一名贫困山区的小学副校长，由于学校里很多孩子都是留守儿童，她就想在学校开设美术培训的课程，以丰富孩子们的日常生活。多番考察后，她决定向镇上的印刷厂厂长求助。因为此人从小由于家庭贫困不得已而辍学，但却非常喜欢绘画，并且还小有名气。

徐丹一进门就说："王厂长，久闻大名。我近日在县里参加了一次绘画展，展览期间听到许多教育界的绘画大师们对您交口称赞，实在钦佩！今天刚从县里回来，就特意来拜访您。"

厂长一听非常高兴，就跟徐丹热聊了起来："其实，绘画我有自己的一套理念，就是要把最真实、自然的小山村生活呈现给大家。"

"嗯，这个我非常赞同，我们是贫穷，但也需要别人了解最真实的自己。我们学校有许多的孩子，也在绘画方面有一定的天赋。我还想着哪天让您去帮着指导指导……"徐丹接着说。

"这个我当然非常乐意了！"王厂长兴奋地回答。

接着徐丹话锋一转："其实在学校里开个美术培训班最好了，可惜我们学校没有资金，要是前期能得到画友的资金支持，那是最好的了……"

听完徐丹的话，王厂长立即起身慷慨地说："徐校长，你放心吧，前期的资金由我来出，咱们共同努力把这个培训班先办起来。以后的事情，再想办法解决。"徐丹紧紧握住王厂长的手，表示由衷地感谢。

由此可见，一个会讲话的聪明人，在称赞他人时，一定会从对方的得意之事入手。

但称赞对方的得意之事并不是件容易的事。你首先需要花些心思仔细地研究对方，了解到他的得意之事，并且要别出心裁地进行赞美。

比如，对一个商业名人，如果你能用他工作之外的好事来赞美他，那肯定会让他的自尊心得到最大的满足。再比如，对一个有名气的艺人，如果你能称赞他很有爱心，喜欢做慈善事业，那么他也肯定会非常开心。再者，并不是所有女人都喜欢听别人称赞自己漂亮，但如果你说她活泼、苗条，或者聪明、能干，她肯定会非常乐意。

总之，你一定要有针对性地进行筛选。这样才能真正地对他的得意之事进行赞美，你赞美的话才能悦人心。

背后夸人，最有力量的赞美

赞美他人的话每个人都会说，但赞美后的效果却不尽相同。例如，你想追求一位漂亮的小姐，每天在她面前夸她漂亮得像仙女一样，对方对你的态度淡淡的；而另一个人经常在这位女士的朋友、同事面前夸赞她漂亮、有气质，希望能娶到这样贤惠的妻子，却反而得到了她的青睐。

直接赞美别人，固然能取得一些效果，但如果处理不好，就有可能让自己的赞美沦为阿谀奉承，给对方留下负面的印象，反而让人觉得你的赞美之词显得太露骨、太肉麻。再者，赞美就像蜜糖，吃多了口味相同的糖，就会让人觉得索然无味，这就像你总是直接赞美一个人，难免会让他听腻烦。

一个懂得赞美技巧的人一定会巧用间接赞美，来润滑自己的人际关系。

营运部经理小葛是个内向而又多疑的人，并且对谁都是少言寡语的。一次，同事小丽、静静和喆喆在一起闲聊天。小丽对静静说："女人就应该多打扮，不化妆坚决不能出门。因为男人都喜欢化了妆的妖艳女人，要不那些小三、二奶都喜欢打扮得花枝招展的；女人不坏，男人不爱。"

对此喆喆大为反感地说道："女人最主要的是内在，不是光有外表就行的。你看人家小葛，平时也没有浓妆艳抹的，但感觉就是有气质，我就喜欢她那样的。"

恰巧此时小葛冲咖啡路过这里，无意间听到了喆喆的赞美，她的心里真像吃了块糖那般甜。

从此以后，小葛跟喆喆就经常聊天、谈心，互相倾诉自己的小秘密，成了无话不谈的闺蜜。

在小葛看来，喆喆是在背后赞美自己的，而且并不知道自己会听到，这种赞美不是刻意的。如果喆喆当着小葛的面说这样的好话，生性多疑的小葛可能就会认为喆喆是在有意讨好她或者是在打趣她。

由此可见，在背后说别人的好话，要比当面夸赞别人效果明显好得多。

比如你当着同事的面赞美上司，你的同事会认为你在刻意讨好上司，会引起周围人的反感，而你的上司也难免会认为你有奉承之嫌。这样一来，直接赞美不仅起不到良好的效果，甚至还会起到反作用。所以，有的时候不如试着去间接赞美别人，既能表明自己出自真心，也能减少不必要的尴尬和误会。

不仅如此，上级如果运用间接赞美来鼓励下属，比直接赞美更能起到激励效果。

后勤部的王刚最近非常郁闷，因为他又一次把市场数据分析表搞得一塌糊涂，这已经是本月第三次出现差错了。为此，他除了害怕被炒鱿鱼以外，还感觉自己什么都干不好，对自己失望透顶。

一次他跟前辈崔浩聊天时唉声叹气地说："我觉得经理快要炒我鱿鱼了，我什么都干不好，干脆回家种地得了！"

没想到崔浩说："怎么会呢？上次我跟经理闲聊时他还提到了你。他说你在做数据、做表格上面是有欠缺，但他夸你性格大方、酒量又好，如果做起销售来肯定是个好苗子，他还考虑将你调到销售部呢！"

听了崔浩的话，王刚心情非常激动，瞬间充满了力量。从此以后，他做事情越来越细心，做表格的技术也直线上升。

如果王刚的经理此时对他直接说一些鼓励、赞美的话，可能王刚就会认为经理是在安慰自己，不会产生太大的感触。但当他从崔浩的口中听到了上司对自己的赞赏后，就会深受感动，从而会更加努力地工作，以报答上司对自己的"知遇"之恩。

除此之外，间接赞美的好处还体现在它可以发现别人"隐藏的闪光点"上。称赞一个人时，与其直接称赞人人都知道的优点，倒不如间接地发现他并不显眼，甚至连他自己也未曾觉察的优点，并加以赞美。

他最大的优点已成为人人皆知的了，在所有人看来都已习以为常了，而那些大家并不知道的优点，很少有人发现，因此对这个人来说就弥足珍贵。此时，你独特的发现与称赞，让对方发现了自己身上的优点，增加了自信。当然，与此同时你不同凡响的观察力还会获得对方的认可。

其次，大部分人表达感情都是比较含蓄的，即使是让他面对自己最亲密的亲人、朋友，他也不好意思当众表达得太过明显，太过直接。

因此，不管你是个什么样的人，生活中与人交际，在跟他人表达自己的赞美之情时，想要让自己的语言既有赞美之功效，又无拍马之嫌疑，只要运用间接赞美就可以完美达成。

运用从众心理，赞美更有效

有时候你会发现这样一个现象：如果只有你自己说这件事情好的时候，别人不一定相信。但如果大家都这么说的话，别人就肯定会相信。

因为在每个人的心目中，总是认为"观众的眼睛是雪亮的"。也就是说，每个人都觉得大家公认的事情就是得到过事实验证的，是最公平、最客观的；而你的认为只代表了你一个人的立场，可信度不高。

同理，如果你在夸赞一位男士时说："你很有才。"他就会觉得这只是你自己主观上觉得他聪明，意义不大，但如果你夸赞他："大家都说你很有才，起初我还半信半疑，今日一见，果然名不虚传啊！"他肯定会分外地欣喜。

小丁是一个奶制品销售公司的业务员。由于天气炎热，奶制品滞销，业绩迟迟上不去。但是公司里的老业务员冯正却能一反常态，每个月都能完成公司规定的业绩。眼看自己马上就要因完不成业绩而遭到罚款，最后小丁决定向冯正取取经。不过，在小丁去找冯正之前，冯正就告诉小丁，今天自己非常忙，只能给他几分钟的时间。

果然，小丁找到冯正的时候，正巧他正忙着跟自己的客户谈论发货的事情。小丁不敢打扰，就静静地站在一旁听着。

等了好半天，冯正终于把客户给搞定了。

没等冯正开口说话，小丁就双手握住他的手，激动地说："早就听大家说冯哥你搞定客户很有一套，今天见你谈客户，真是让我大开眼界。我瞬间就变成了你的小粉丝，感觉你就是我心目中的那个'男神'！"

听了小丁的话，冯正谦虚地说："哪里，哪里，大家都是一样的。"

"怎么会一样？你看我最近就特别背，这个月快到月底了，要是再完不成任务的话，恐怕就要挨罚了，我正发愁呢……"

听完小丁的话，冯正一拍胸口，慷慨地说："小丁你就放心吧，冲在今天咱俩这么投缘的份上，我也会帮帮你的。要不然这样，晚上咱俩一起吃饭，你在饭桌上给我详细讲一下你那个客户的情况，我们一起来分析分析……"

就这样两个人越谈越投缘，那个月在冯正的帮助下，小丁顺利达标，并且他们最后还成了好兄弟。

如果小丁上来就讲自己需要冯正的帮助，在那么忙的情况下，冯正肯定会找理由推脱。正是由于小丁会运用"大家都是这么说"来称赞他，让冯正的自尊心得到了极大的满足，愿意牺牲自己的吃饭时间来对小丁施以援手。

　　由此可见，关键时刻引用"大家都这么说"可以让你的赞美听起来更有可信度，更易打动对方。

　　因为在一般人的观念中，"第三者"所说的话大多比较公正、实在。如果你赞美的语言中强调了你的意见也是大家都公认的结果，那么他就不会怀疑你说的话是在恭维，就会更加容易相信和接受你。

　　舒老师是一名教外语的初中老师，新学期他们班转来了一个名叫航航的男同学。据航航的上一任老师讲，航航非常聪明，但就是不爱学习，喜欢追星，整天想着当大英雄。不管是家人、老师怎样苦口婆心地劝说都没用，最后他甚至开始用沉默来抗议大家。

　　这天放学后，舒老师把航航独自留在了教室里。

　　"你别想当我的说客，我不吃这一套！"航航还是用之前对付老师的那招，表明自己态度后就陷入了沉默。

　　"没有啊，我只是想看看同学们口中的'小赵文卓'到底是哪里跟赵文卓本人像，毕竟赵文卓也是我心中的偶像。嗯，鼻子很像，下巴也有点儿像……"舒老师微笑着说。

　　听了舒老师的话，原本一直沉默的航航竟然开口道："真的吗？舒老师，你不会骗我吧？赵文卓老师可是我的偶像，我梦想有一天能成为像他那样的功夫巨星！"

　　"当然是真的了，我也是听了大家的说法才来一探究竟的。"舒老师回答道。

　　"不过赵文卓老师虽然是个大英雄，可据我所知，他还是个高材生呢。如果他当初像你这样不学习，怎么有能力跑到好莱坞为国争光呢？"舒老师话里有话地说道。

听了舒老师的话，航航陷入了沉思……

在接下来的几个月里，他一改往常的表现，学习越来越刻苦，学习成绩也得到了很大的提高。

正是由于舒老师善于引用"大家都这么说"先夸赞航航，才会让航航放下警戒心，虚心听取她的意见；舒老师也才能顺利地说服航航努力学习。

总之，不管对方是男人、女人、老人还是小孩。赞美他时，引用"大家都这么说"可以让你的赞美更有说服力和可信度。特别是针对女人，因为女人对语言的想象能力一般都比较弱，只有对于一些实际的夸赞，她们才比较容易理解。如果你夸奖她"有魅力"她可能无法想象出其中的美好，反而会不以为然；但如果你直接说"大家都说你的气质很像刘诗诗"，她则可以立刻收到你的赞美，并且非常乐意接受。

出其不意的赞美，总是有"额外"收获

人是一种感性动物，每个人收获什么样的情感，他就会反馈给你什么情感。你不懂得欣赏和感恩，你就会不顺利。因为谁也不愿意面对一副冷漠、缺乏热情的面孔。每个人都希望得到他人的欣赏和鼓励，收获一份喜悦。

当一位女士态度蛮横，你却大度地赞美她的鞋子很漂亮，也许下一秒她就会向你展现笑脸；当你的同事都在埋怨另一个同事总是捣乱，把事情办砸的时候，你却能赞美他行动力很强，可能从此他的行为就会改变；当你的孩子拿着考试的卷子，因为考得不好，害怕受批评，心情低落时，如果你赞美他的字写得很好，也许下次他就能给你带来惊喜。

一语让人生，一语让人死。可见，关键时刻，一句话就能改变一个人的未来。当一个人害怕得到指责，或者根本没有任何希望能得到他人的认可时，此时如果你能够不吝其词地真诚赞美他，就会让他对你的赞美印象深刻，甚至会终身难忘。

倩倩是一个快递公司的到港客服，就是负责所有到岸快件（就是到达目的地）的破损处理。由于她们所在的办事处紧邻一个小的批发市场，有时候也有客户过来寄快递。为了方便，公司规定倩倩也要帮着客户填单子，寄快件。每天到岸的快件少则一两千，多则三四千。当然，随着快件量的增加，倩倩负责的破损快件的处理量就可能会增加。

有一次，由于天气原因，到岸的快件破损了好多。倩倩一遍一遍地向客户解释原因，却遭到许多客户的不理解，心情异常烦躁。

这时候正好有几个人过来寄快递。倩倩就没好气地跟他们说："自己去那边填单子吧，我没空帮你们！"

其他人都拿了快递单悻悻地去旁边填单子去了。

其中一位阿姨过来拿快递单子的时候惊喜地说："你长得很像那个演员叫什么来着，对，赵丽颖，真的很可爱。"说完还不忘向其他人求证。

倩倩惊讶地看看那位阿姨，脸上露出了害羞的微笑。慢慢地，她开始指导起那些不会填写快递单的人，也帮着他们称重物品，服务变得热情了好多。

正是由于那位阿姨在倩倩服务态度很差的情况下，还能够衷心地赞美她很可爱、很漂亮，才让倩倩的态度发生了改变。

有句老话说"拿人的手短，吃人的嘴短"，每个人对别人的"恩惠"都会存在一种"补偿心理"。当你在赞美他时，会让他收获喜悦、自信、力量等，因此他就想用其他美好的东西来回报你的"付出"。特别是当自己的行为与赞美是背道而驰时，对方意外地得到了你的赞美，这种补偿心理就会更加强烈。就像孩子打碎了花瓶，满以为会挨打，妈妈却一边说自己好担心他会伤到自己，一边夸赞他身手敏捷。他内心的愧疚感就会让他更懂事，免得再让妈妈担心。

人与人相处，难免会产生矛盾，或者是误解。此时，不妨反其道而行，赞美一下对方。反而能够化解对方的怒气，达到释疑解纷的效果。

王森的老板最近出了一点儿小问题，经济上有些紧张，导致公司人员配备紧缺；而作为财务经理的王森更是左右为难。因为办公室里原来的两个有经验的财务都因为生孩子而离职了，新招来的两个又都没有经验。因此，财务上的事情大部分都压在了老员工小芳的身上。

这天，老板非常着急地要公司这个季度的财务分析，新来的职员晶晶跟小范做得慢不说，而且不了解情况，容易出错。于是王森就又去找小芳，让她来负责做这件事情。本来小芳最近就非常郁闷，听完王森的话后非常生气地说："王经理，你是不是太偏心了！我的职位是财务外勤，跟各个银行交接才是我的工作。财务数据分析本来就是晶晶跟小范的工作，怎么都让我来做！"

王森听后本想拿上司的权势跟她理论一番，但又怕伤害了同事间的感情，就故意夸张地说："她们俩哪有你能力强啊，她俩加在一起也不抵你一个。在我眼里，你是个能干大事的人，所以才来找你的！"

小芳听了经理的赞语，不觉转怒为喜，也顺利地完成了王森交代的事情。

　　王森本可以利用自己经理的职权，向她施加压力；或者痛批小芳不为公司着想的行为，但是他却没有这样做。正是由于他转批评为赞扬，才能让小芳心甘情愿地去接受额外的工作。

　　所以，在他人没有理由能获得你的赞美或者那是他的本职工作，他并不期望能得到你赞美的时候，给他一句赞美，可以让你的赞美发挥出无法想象的力量，更加有利于你的人际交往。

赞美要因人而异，切忌"同质化"

有时跟别人交流你会发现这样一个现象：甲、乙、丙三个人聊天。甲对乙说："我最讨厌那些没事就会说好话，恭维自己的人了。"丙立刻接过甲的话说："真的吗？现在的社会有您这样品格的人实在是太少了，您的品格真是高风亮节，正如黑暗里的一颗明珠，值得我们大家学习！"乙再回过头来看看当时称自己不爱听"好话"的甲，此时也是慷慨陈词，喜悦之情溢于言表。

其实在外人看来，丙的这种说法又何尝不是在恭维、赞美甲呢？

事实上，世界上没有人会对他人的赞美无动于衷。赞美他人可以使人与人之间的感情更加融洽，使自己更易被他人接受；也会让我们更有勇气参加社交活动。

大文豪萧伯纳就曾经说过："每次有人吹捧我，我都头痛，因为他们捧得都不够。"因此，不是别人不接受你的赞美，而是你用错了方式，或者是选错了对象，令自己赞美的话达不到最好的效果。

　　小李由于工作的原因需要去国外出差一段时间。出国之前他听曾经在国外待过的同事说外国人都喜欢别人赞美自己，特别是外国女性，最喜欢听类似于"漂亮""有魅力"等这些话。

　　果然，在国外待着的那段时间他经常对一些外国同事进行赞美，那些外国同事听后都非常开心，这对他的工作帮助很大。

　　半年以后，他从国外回来了。一天，他去自己家附近的超市买东西，迎面走过来一位体型微胖的中年妇女。可能是小李还保持着在国外时的思维，没有及时转变过来。在帮她拉开超市门的时候，就习惯性地对那位女士说："哦，女士，你真漂亮！"

　　没想到那位妇女瞪了他一眼，气呼呼地说："先生，你是不是离家太久了？"

正是由于小李赞美他人不看对象，所以才会惹得他人不高兴。

由此可见，毫不吝啬地去赞美别人，是需要一定的方式和方法的。比如，当你遇到一个邋里邋遢的孩子时，就不要再对孩子的妈妈说"你的孩子真的好漂亮"之类的话，否则，就会让对方很尴尬、生气。赞美，只有在对的时间、对的人，用对了合适的语言，才能让它为你加分。

　　小金和小修共同受邀参加一位初中同学马涛的结婚典礼。

　　入场的时候小修走在小金的前面与同学的父母打招呼。小修走到那位同学的父母面前微笑着说："叔叔、阿姨，你们真的是老当益壮，在体育界久负盛名啊，我从小就视你们为偶像，您二位真不愧是咱们县的骄傲啊！"

听了小修的话，那位同学的父亲没表现出来什么，倒是那同学的母亲，脸上反而流露出一丝不快。

等到了小金打招呼的时候，他谦虚地说："叔叔阿姨，你们真的特别伟大，能培养出一个像马涛这么优秀的儿子。马涛在我们这届同学里面可是最有出息的一个了。这不，我还想趁着这次见面让他传授我一点儿成功的经验呢！"

马涛的父母听了小金的话，笑得合不拢嘴。特别是马涛的母亲，激动地紧握着小金的手，一个劲地夸赞道："你也不错，改天我一定让涛涛多多跟你联系！"

原来，马涛的父母年轻的时候都是体育界的翘楚。但是近几年由于马涛的母亲身体越来越不好，就辞掉了教练的职务，在家里专心伺候起孙子、媳妇来了。小金来之前怕跟同学没话说，就向其他的同学打听了一下，所以才知道这些情况。小修可能是来之前没做准备，不明就里，结果才惹得主人不快。

由此可见，面对同一个人，所说之话不同，赞美产生的效果就会不同。而生活中你要跟形形色色的人打交道，因此，赞美他人的方式更要千人千面。

首先，当你赞美的对象是个年轻人的时候，你可以用一些事实直接赞美他将来会大有作为。因为年轻人都对未来充满幻想，自以为前途无量。如果你此时对他进行大加赞美，他一定会高兴地把你视为知己。

其次，当你要赞美的人是和你同一年龄段的人时，你可以考虑从学习能力、就读的学校、抱负、工作待遇和个人爱好等方面来进行赞美。当然，如果你从其领导能力、组织能力、关心他人等方面进行赞美的话，则会使你对他的赞美更高一个层次。

再次，对于自己的长辈或者是年龄比较大的人，你如果能够称赞他的子女则会比称赞他本人阅历丰富、成就非凡更能让你受到他的欢迎。因为这类人自己已没有什么理想也没什么期待了，他的一生已经定型。对于还未达到的预期目的，已不抱十分希望了，他目前最关心的就是他的子孙。

最后，对于不同行业和职业的人，你要学会从他的工作性质来进行赞美。比如对于学历比较高的人，你可以称赞他学富五车；对于商人，你可以称赞他脑子灵活，很有眼光。

总之，生活中对他人进行赞美不是死记硬背，不知变通。你要学会让自己赞美的语言因人而异，因时而异，这样才会让人信服。

所谓会说话，就是懂幽默

冷场时，就运用幽默

与人交往交流，大家都能够开开心心，各抒己见，一直保持情绪高涨，是每个谈话者都期望见到的情景。但是，每个人都难免会遇到彼此都进行不下去的话题，这就是所谓的"冷场"。

实际上，生活中很多人与别人交流的时候，提出的一些话题经常不能引起别人的兴趣，或者人们不愿对此做出反应，这样就导致了冷场。比如，一个人总是喜欢谈论与自己生活琐事有关的话题。这样的话题，开始时大家可能会出于尊重你的原因而耐着性子听你讲，可是时间久了，大家就会慢慢开始厌烦，毕竟谁愿意一直做别人的陪衬品呢？而且这样的话题无非就是一些每个人都会遇到的小矛盾，大家境遇相似，没什么稀奇，也没必要拿出来进行反复"探讨"，慢慢交谈的活动就无法继续进行下去了。

比如，有些人总是喜欢打听别人不愿意透露的信息，不经意间揭人家的短。类似于某某人的薪资待遇如何？工作时最看不惯谁？跟家人的关系怎么样？等等。其实对于别人来说，这些就是对方的隐私。既然是隐私，每个人肯定不愿意提及。如果你总是有意无意地打听这些事情，别人就会觉得你很唐突；他要么会选择沉默，要么就是用一些含糊的理由搪塞你。正是由于你不合适的语言，导致了尴尬的出现。

再比如，有时候一个人为了迎合他人的意愿或者话题，故意不懂装懂，或者歪曲事实，在那儿胡编乱造。但毕竟这些话题是他不了解，没有建立在事实基础上的事情，说不了几句自己也会"编不下去"，"冷场"就出现了。

其实，冷场时，如果有人能用幽默的语言激起大家谈话的兴致，或者是在搞笑中化解尴尬的气氛，就可以让大家忘记之前的不快，顺利进入下一个话题。可以说，幽默是冷场的救命稻草。

小松是一位列车售货员，他负责售卖糖果、花生、瓜子等一些小零食，包括地方特产——德州扒鸡、天津大麻花、内蒙古牛奶片等。

夏天是最热的时候，也是内蒙古牛奶片一年中销量最淡的季节。但是列车上有规定：每位售货员每趟火车必须售出10箱，也就是将近500包的内蒙古牛奶片。小松为了完成任务，使出了浑身解数。

小松走到列车中间，清了清嗓音，然后对旅客们说："大家好，我是本次的列车售货员小松。在这里耽误大家几分钟时间，让我来介绍一下自己。我叫小松，来自内蒙古呼和浩特，出身在一个贫穷的家庭里。虽然我们家非常穷，但是我爸妈最后仍然供我上了大学，大家知道是为什么吗？"

此时大家开始议论纷纷，有的说是借亲戚朋友的钱；有的说是政府补助的；甚至还有人半开玩笑地说是砸锅卖铁才供他上的学。总之各种奇葩的理由乘客们都说了一遍。

看着乘客们急切的眼神，小松最后大声说："你们真的很笨，这都猜不出来！"

听完小松的话，大家都尴尬到了极点，车厢里静悄悄的，谁也不说话了。

眼看大家讨论的激情就要被浇灭，交流马上就要冷场。

小松却一本正经地说道："其实当时我们家是卖了几头牛，一头牛卖的钱也不多，也就卖了一万多块钱吧。由于我们家真的很穷，也没卖几头牛，也就四、五千头吧……"

小松说完此话，整个车厢的人都哈哈大笑起来。大家都明白了小松刚才所说的都是"反话"，当然，刚才尴尬的气氛也一扫而光了。

小松见大家又来了兴致，就接着调侃道："但是，我妈当时特别聪明，她只卖了公牛，把母牛给留了下来。为啥？因为母牛可以产牛奶呀！但由于牛奶太多了，不好保存，我妈妈就把这些奶用吹风机把它们风干，切成了块。这就是我手中牛奶块的最原始做法。它具有牛奶所有的营养价值，能够美白、润肤……"

大家听着小松的话正在沉思，突然小松眉毛一挑，一本正经地说："其实我昨天就是因为自己太黑了，没敢来见你们。然后晚上吃了几块我手里的内蒙古牛奶块，今天变白了才敢来见大家！"

大家又被小松的夸张给逗乐了，哄堂大笑起来。并且还一边笑一边议论起牛奶的美白效果来了，气氛一下子就活跃了起来。

"不仅如此，它的口味还特别好。来来，各位旅客朋友们不信的话就来尝尝我'美白神器'的味道如何？"说着就拿出了早已准备好的牛奶片。

就这样，小松轻松地卖出了所有的牛奶片，顺利地完成了任务。

小松正是由于在话题快要冷场的时候，善于运用幽默的语言，化解尴尬，让每个客户时刻保持情绪高涨，才能顺利达到自己的目的。

生活中与人交流，一定要学点幽默的方式和方法。在遇到冷场的时候"幽上一默"，可以让你受到周围人的喜爱。

"自黑"，幽默的最高境界

"自黑"，又称自嘲，是当一个人有了过错，受到别人过分的嘲讽时，通过"自毁形象"来化解尴尬的一种手段。

"自黑"，是幽默的一种，它其实就是让听众知道：我对大家是坦诚的。通过放下身段，巧妙地拿自己"开涮"，拉近与听众的距离，调动现场的气氛，为自己博得"满堂彩"。

许多娱乐圈里的明星，或者是拥有讲话技巧的交际者，往往都懂得运用幽默的语言进行自黑，来化解自己的尴尬，实现由劣势向优势的逆袭转变。

娱乐圈中，在"自黑"这条道路上走的最远、最成功的应该就数杨幂了。

在拍摄《小时代》海报时，杨幂被许多网友吐槽摆的姿势都是托腮。对此杨幂幽默地自黑道："时间在变，我们在变，我们说好的誓言也在变，唯一不变的只有林萧（小时代中杨幂饰演的角色名字）牙疼的右脸。"

　　杨幂通过调侃自己托腮的动作为"牙疼的右脸"，顺利地把大家的注意力从"杨幂摆拍姿势差"这个话题，转到了她幽默的比喻上。她自黑的比喻不仅把快乐带给了大家，更掀起了一股自黑潮流。杨幂作为这个话题的发起人，她自信并自黑的态度被许多人夸赞"接地气""坦荡"，一时间吸粉无数。

　　还有一次，杨幂演唱《宫锁心玉》的主题曲《爱的供养》时，有人吐槽她的嗓音嗲，难听；更有人编了个段子放到网上来讽刺她："你们不要再黑杨幂了，我的命都是她救回来的。我因为一场车祸昏迷了三个月之久，有一天护士打开收音机，里面放着《爱的供养》，于是我爬起来把收音机给关了！"

　　对此，杨幂也特意发微博回应称："每一天，都希望自己能过得开心，过得有意义。比如没事做的时候，就想唱唱歌，救救人什么的……"幽默地以其人之道，还治其人之身。从发起者的话题中就地取材，将尴尬不知不觉地转移给了对方。当然，大家茶余饭后的话题也顺利地从"杨幂唱歌难听"变成了"杨幂霸气回应抨击者"，杨幂打了一个漂亮仗。为此，好多人被杨幂机智的反击折服，纷纷路转粉。

　　自此以后，许多公众人物更加喜欢运用"自黑"来吸引大众视线。比如湖南卫视的主持人欧弟，经常调侃自己的身高和长相，却反而赢得了许多观众缘。再比如商界传奇人物马云常常拿自己奇怪的长相，来调侃自己："首先，说我'瘦马'的人有，说我'俊马'的人很少，说我'俊马'说明你的眼光真的很不一样。"但这些自黑的话丝毫不损马云在许多人心目中的正面形象，反而让更多人对其更加喜爱。

　　"自黑"不仅在明星、名人中异常流行，普通人也常常把它当作拓宽人际交往的技能。

小宋是一个身高很矮的保险业务员，是那种一站到人群中就明显感觉到矮的人，但是他却喜欢和一群个子很高的人打篮球，并且每次都玩得特别投入，特别有激情。许多业务员经常在背后偷偷议论他："明明长得像个陀螺，却喜欢打篮球。"

但是小宋却这样回应别人的无礼："我人生中的最大乐趣，就是和大自然做斗争。它喜欢高个子，我就偏偏长成个陀螺！"

他这种敢于"自黑"的精神，受到了许多人的敬佩。而那些背后议论他的人，也慢慢地被他的大度所折服，开始越来越喜欢他。

其实，敢于幽默自黑的人，绝对是拥有一颗强大内心的人。自黑者往往拥有较高的自我价值感和自我效能感，以"黑自己"来取悦身边的朋友。自黑的本意并不是真的"黑"，而是在传达一个态度：我不会惧怕任何人对自己恶意或者善意的抹黑。

另外，自信者的"自黑"还体现了一种人际交往的大智慧。不管是什么样的人，都喜欢真实的感觉。比如，有些人对外界表现得自己很"高大上"，大家就会觉得你"特别装"；若是你真的出点儿丑，大家反而会觉得你"很接地气"，觉得与自己有相同的地方，当然就更愿意与你交流交往。

自黑者运用的是一种化攻击为赞美的有效手段：别人对你恶意攻击，你努力"接住"，而不是把这种攻击反击回去。这样大部分的人都会对你表示赞许，认为你大度、性格好等等。当然，你反其道而行之的态度，亦会越来越吸引其他人与你做朋友。

　　所以，生活中一个聪明的交流者往往会选择"避重就轻"地"自黑"来迎合对方，让事情变得既好笑，又不失分寸。假如一个人开自己的玩笑，并且也不会介意别人加入自己的玩笑，大家都把这些讽刺的话当成玩笑，谁都不会当真，又都很开心，何乐而不为呢？当然自黑者也因此而拥有了好人缘，增加了喜欢自己的"粉丝"，可谓日常交际中的双赢。

如何运用幽默式批评

生活中大部分的人，除非特殊情况，不然是不会轻易去批评别人的；当然，几乎所有的人，也都不喜欢被别人批评。

但人非圣贤，孰能无过？每个人都可能会因为有意、无意的言行或者各种各样的原因说出不恰当的话，或做出错事。在日常交际中，你不可避免地会发现别人的错误或者缺点，如不及时指出，可能会导致其因不能及时克服自己的缺点而犯更大的错误；而你亦会因没有及时指出别人的错误而内疚。因此，与人交往，批评是必要的，且要及时。

不过，有句老话讲："情愿唱白脸，不愿唱黑脸。"可见，生活中最难说的话之一，就是指出他人的错误，批评他人。

如果是对自己的下属，板起脸来教训他，他心里肯定会非常不服气，觉得你"不近人情"。若是对比你地位高或者是你的上司，批评或者提意见更要注意选择一个好的方式。因为如果你采取隐晦的批评方式，被批评的人可能不明白你批评他的真正用意；但若你采用过激的批评方式，可能就会导致被批评者有逆反情绪，觉得你不给他留面子，伤了他的自尊心，不仅对解决真正的问题没有帮助，反而会让彼此的关系恶化。

而聪明的人总是会运用幽默的语言来进行批评，给别人一个台阶下，从而软化自己批评的锋芒。

　　小杜是一个时尚主编，由于他经常跟一些女性打交道，所以特别注意批评人的分寸。

　　一次，一位编辑部的编辑拿着自己设计的所有文章的标题形式和内容去见他，问他自己这样写标题行不行。

　　小杜看了一会儿稿子，不停地用它做扇风的动作。

　　那位编辑好奇地问："主编是不是屋里太热了？"

　　小杜回答道："不是的，我有一个见到熟人就紧张的毛病，要不停地扇风才能缓解紧张。我从你设计的标题上看到了许多熟人的面孔，所以不得不不停地扇风。"听了小杜的话，那位编辑不好意思地退出了他的办公室，又重新设计了标题的内容和形式。

小杜正是运用了这种幽默的批评方式，既批评了编辑的设计没有新意，又给那位编辑留了面子，使其不至于由于被批评而产生不好的情绪，影响接下来的工作。

　　静静是一个餐厅的领班。一次有一伙人在餐厅里吃饭，吵吵闹闹的不成体统。许多顾客都来找她反映，影响很不好。

　　这时候正好那桌客人过来问："点菜量大的话，可不可以打折？"小赵微笑着说："本餐厅规定对于那些懂礼貌的绅士，我们是可以有一定的打折优惠的。"

"那我们是不是有礼貌，算不算绅士？"那人没好气地问道。

静静一边低声地说"是"，一边又马上捂住自己的嘴。

"你为什么捂着自己的嘴呢？"听完静静的话，那人疑惑地问道。

"我怕说假话被别人听到，所以才捂住了自己的嘴巴！"

听完静静的话，那人不好意思地红着脸走开了。过了一会儿，那桌喧闹的客人也慢慢地安静了下来，餐厅恢复了安静。

静静的聪明之处就是没有直接厉声地指出他们不礼貌的行为，反而运用幽默的语言来批评他们。这样既给足了他们面子，又让他们意识到了自己的错误。

其实，生活中懂得用幽默来批评他人的聪明人处处可见。比如在公众场合，一个人踩了另一个人脚，却毫无反应，被踩的那个人就会以幽默的语言表达自己的不满，说声："哦，对不起，我的脚硌到你了。"你幽默的回答不仅从反面提示了他的错误，更唤醒了对方，让对方减少被攻击的感觉，从而主动反省、道歉。

比如，公交车上，一个小伙子坐在"孕妇专座"上面，而孕妇却在旁边被人挤。一个会说话的年轻人就会在他面前故意大声地念："乃妇专座。"小伙子更正说："错了，是孕妇。"年轻人就立即笑着说："孕妇在这儿呢！"拐弯抹角地把批评的意思间接化，能让他更容易接受。

再比如，在上火车时，人们使劲往前挤你。此时你大喊道："别再挤我啦，再挤我就成人干了！"虽然你说出了自己的委屈，表达出了强烈的不满，但大家却会被你夸张的语言给逗乐，并且意识到自己错误的行为。

幽默地批评他人，其实就是在批评他人时，让批评的语言变得戾气不足而诙谐有余。

因为幽默的语言往往会伴以夸张、反问，以及与现实有很大出入的语言。这样就会把回答中攻击性的含意虚幻化了，让对方感到这并不是一种很认真的批评，从心理上更容易接受你的批评意见。你就会把批评这个本身带有很大锋芒的语言软化了。

在日常生活中，人际关系非常复杂，随时随地都会存在许多因素刺激你在批评他人时想出言不逊，但是这样就会给别人留下不愉快的回忆，影响你的人际关系。因此，不妨试着在愤怒发作之前用幽默的语言来宣泄，软化你批评的锋芒。这样，你在批评他人时也能够拥有好人缘。

"捍卫形象"的幽默式反击

与别人交流时，难免会遇到一些野蛮、无礼的人对我们进行斥责和羞辱。很多人都会选择"骂回去"，以此来捍卫自己的尊严，甚至会"打回去"以彰显自己"人不犯我，我不犯人"的"态度"。

但是，急于回击别人的无礼，损失最多的是你自己，而不是那个羞辱和斥责你的人。因为如果你以无礼回击别人的无礼，外在表现也是低俗、野蛮的，这样就会破坏你原来在他人心目中努力塑造的好形象，严重的将会使自己的人际关系面临危机，得不偿失。

其实，面对一些傲慢无礼的人，最好的反击方式就是幽默。

老张是一个个头只有160cm，长相、能力一般的小伙子。但是，他却娶了一位貌美如花的"学霸"小刘回家。对此，许多同事都很是嫉妒，心里不服气，明里暗里地挖苦他。

有一次，老张和他媳妇以及老张的一伙同事一起吃饭。席间，有一位同事早就看不惯老张，就想让他出出丑。但是，他从老张身上找不到突破口，就想从老张的媳妇小刘身上找突破口。

那个同事故意以敬酒为理由笑嘻嘻地向小刘发难道："嫂子，我知道你是个学霸，个子又高。不过你嫁给了这个矮胖小子，就不后悔吗？不知道老张究竟对你用了什么样的手段，把你忽悠住了？你到底图个啥呢？"

因为他打定主意这个问题很难回答。如果回答是"因为爱情"，大家肯定会笑话她"假清高"；如果是因为别的原因，则会让老张出丑。

没想到小刘想都没想地回答道："就图老张的个头呀！"。

听了小刘的话，大家都面面相觑。小刘此时话锋一转，接着说道："马云也不高啊，所以浓缩的才是精华啊！"

一句话将那个挑事的同事"噎得半死"，悻悻地将手中的酒一饮而尽。从此以后，再也没有同事敢取笑老张了。

小刘就是一个会说话的聪明人，懂得用幽默进行反击。她首先顺着那个同事的话说是"因为老张的个头"，让那个同事以为小刘掉进了自己设计的陷阱。当他正在得意忘形之际，又用"浓缩的才是精华"倒打一把。

因为凡是取笑老张个头矮的人，肯定会以自己的身高为豪。小刘搬出马云个头矮却人人都敬佩的事实做靠山，既证明了个头矮的人才会有一番大的作为，又暗讽了那位同事空有一副大块头。让那个发难的同事"搬起石头砸自己的脚"，有口也辩不出。

其实，运用幽默的话语进行反击，就是要像小刘那样，表现出一种"压力下的风度"，礼貌地"以彼之道，还施彼身"。

　　多多今年刚刚10岁，但是在外语上却表现出惊人的天赋，他的妈妈也常常引以为豪。

　　一次，多多跟着他的妈妈去一个朋友家玩。恰巧那个朋友家有个比自己大几岁的少年正在做英语试卷题。多多见那个少年看了半天也没有写出正确的答案，出于好奇，就瞄了一眼英语试卷。不一会儿，他就报出了正确的答案，在场的人都惊呆了，大家纷纷夸赞多多聪明。

　　那个男孩看自己被一个比自己小的人比下去了，就很不服气地讥讽道："小时候聪明的人，长大了不一定有用！"

　　没想到多多回答道："那哥哥你像我这么大的时候，肯定很聪明啦！"

　　惹得满屋子的人都哄堂大笑，那个讥讽多多的少年也困得羞红了脸。

多多正是借用了少年的话"小时候聪明，长大了不一定有用"，进行反击"你像我这么大的时候肯定也很聪明"。表面上礼貌风趣地夸奖那个少年，实际上是暗讽他现在很笨。这一招"以彼之道，还施彼身"，巧妙地把少年抛来的"炸弹"又给他折了回去。

生活中许多人运用幽默来反击他人的无礼，得到了比直接反击更有力的效果。其实，许多名人、演说家，也将幽默作为自己反击他人的"宝典"。

　　美国著名作家马克·吐温，在没有成名的时候去参加一个宴会。宴会上他与一位女士坐对面，出于礼貌，他说了一声："您真漂亮！"没想到那位女士却高傲地讽刺道："可惜我没办法同样来赞美你！"马克·吐温说："没关系，你也可以像我一样，说句假话就行了！"

　　那位女士听了马克·吐温的话，羞愧地低下了头。

　　马克·吐温表面上赞同女士对自己的侮辱，推翻自己夸奖女士的话，实际上就是在说那位女士也不值得人赞美。可谓借那位女士的话，反击了那位女士，反击的最大力度也不过如此吧。

　　所以，懂得说话艺术的聪明人，永远不会直接用一些侮辱性的语言来反击他人的无礼，让自己给别人落一个"素质低"的把柄。他只会运用幽默的话，间接地回击他人，既表现出了自己的大度，又能让自己的反击效果成倍增长！

幽默式建议更易被采纳

不管是在办公室里，还是在日常生活中，总是有一些时候需要你向他人提出一些意见或者建议。

比如，一个跟你一起工作的同事总是喜欢大声说话，搞得你没办法静下心来工作；比如一起生活的亲人总是把家里搞得乱七八糟，又有不收拾的毛病；再如，上司制订了一个销售计划，但是你有不同的建议，并且确信效果会更好……

当你面对这些问题时，直接提出自己的意见或者建议就会让大家都比较尴尬，给别人留下"不通情理"的坏印象，影响你的好人缘。再者，直接向你的上司提出自己的好意见可能会让他产生一些逆反情绪，如"就你聪明""就你爱出风头"，影响你的日常工作和升职。

所以，即使你对公司的待遇或者某些人的行为有一些不同的建议，也要讲究方式方法。不过，人类总有一些独特的社交本领，千百年来在与人交往中被广泛运用，"开玩笑"就是其中的一种。

　　小齐是一个公司的小职员，每到吃饭点就是他最痛苦的时候。因为公司的伙食实在是太差了，不夸张地说简直就是"三月不知肉味"。

　　但负责大家伙食的厨师长是小齐他们老板的一个远房亲戚，大家都不敢惹，也不敢提意见，只能忍着。有的同事实在忍不了就去外面叫外卖，不过长期下去也不是办法，因此大家都想找个机会跟公司老板提提建议。

　　一次，老板接了一个大订单，心情高兴，就慢悠悠地在厂里巡查。走到餐厅的时候，正好碰到大家在吃中午饭。

　　"天哪，我这排骨汤里竟然有排骨，真是千年一见啊！吃了这碗汤，我这是不是要考虑减肥了呀！"小齐见老板刚好走到自己身边就故意大声地说道。

　　"嗯，咱们公司的伙食一般般，但这样才能培养大家艰苦奋斗的精神啊！你说是不是呢？"因为心情好，老板听完小齐的牢骚不怒反而笑盈盈地说道。

　　见老板的心情大好，小齐胆子也大了起来，就开玩笑地说："是啊，我这一个月从160斤瘦到了140斤，艰苦程度和奋斗精神让我对自己'刮目相看'！"

　　听完小齐的话，老板哈哈大笑起来，边笑还边说："我马上给咱们职工改善伙食，一定做到每顿都有肉吃。"

小齐正是用"让我对自己'刮目相看'"这种既幽默又夸张的语言开玩笑，既提出了自己想要改善伙食的建议，又没有惹老板不高兴。

王老师是一位有着多年教育经验和资深教育资历的高中数学教师，他的班里有一个聪明但不爱学习的捣蛋鬼刘洋。

一次数学晚自习上，大家都在埋头苦思，安静地做着各种数学题，以迎接两个月以后的高二期末考试。

刘洋突然站起来问道："老师，我听说鱼肉里面有大量磷和蛋白质，对大脑帮助非常大。您说如果我现在就开始吃鱼的话，两个月后期末考试是不是就能过关？听说您以前也爱吃鱼，那我应该吃哪种鱼，又该吃多少呢？"

王老师听了刘洋的话，回复道："如果照你现在的这种学习态度的话，你期末考试之前得吃掉一条鲸鱼才行！"

听了王老师的话，全班同学哄堂大笑，刘洋也跟着大家乐开了花。

但自此之后，刘洋一改往常的学习态度，果然在期末考试中取得了优异的成绩。

王老师正是用"吃掉一条鲸鱼"跟刘洋开了个玩笑，既明确说明了在两个月内吃掉一条鲸鱼是完全不可能的，同时又推翻了他想要"靠吃鱼来补脑"从而通过期末考试的想法，暗寓只有努力勤奋学习才能取得好成绩。当然，这个玩笑很搞笑，刘洋能轻易地理解老师的建议并且记忆深刻，这也促使他以后积极改正自己的学习态度，从而取得好成绩。

对于许多员工来说，最大的苦恼就是自己有好的建议，却不知怎样跟上司提出，自己的才能无法得到上司的赏识。如果直接和上司提出的话，上司也不一定会真心接受。这时候你就要学会在恰当的时机跟上司开一些"国际玩笑"，趁机将自己的一些好建议跟他提出来。

　　比如，办公室职员非常不喜欢做事情的时候有上司时刻在现场盯着，因为那样会让自己感觉是在被别人监视，让大家有一种压迫感。某一天，上司跟你闲聊的时候你不妨跟他开开玩笑说："经理，你工作的敬业精神真的很令我们感动。因为你一直在紧紧地盯着我们，看我们是不是在工作。"相信一个聪明的上司肯定会明白你的意思，嬉笑间你就向他提出了自己的建议。

　　因此，当你想对周围的亲朋好友、同事爱人、父母孩子，提出一些好的建议，或者是你感觉"怀才不遇""英雄无用武之地"的时候，不妨试着在跟他人开玩笑的时候，或者是以开玩笑为媒介，借机向他阐述自己的建议。给他人一个机会，也给自己一个机会。

幽默，高超的沟通艺术

幽默是一种语言技巧，更是人们适应环境的一种特殊语言工具。有些人其貌不扬，却由于富有幽默感而获得了许多俊男靓女的青睐，拥有了美满的婚姻生活；有些人资质平平，没什么过人之处，却由于自己的风趣幽默，收获了周围人的喜爱，仿佛好运气也总是围着他转，升职、加薪，更是水到渠成；还有些人在面对一些尖锐的问题时，明明处于劣势，却能够运用幽默轻松解决各种棘手的问题，令他人对其刮目相看。

小段是一个只有中专学历，相貌平平的销售部经理，大家却非常喜欢跟他在一起工作，他也以幽默机智著称。

一次公司打扫卫生的阿姨正端着满满一大盆水准备擦桌子，段经理刚好端着一杯咖啡经过，阿姨边跟跟跄跄地走边喊道："段经理，别动，别动。"可能是段经理思考事情太入神了，没有及时反应过来。结果阿姨端着水盆一下子撞到了段经理的身上，溅了他一身的水。打扫卫生的阿姨一看自己闯了大祸，正觉害怕，不知该如何解释的时候。段经理一边拍打着自己身上的水，一边说道："我以为你说'别动'是干啥呢，原来是为了瞄准我。"

一句话令原本一个个严肃工作的同事都哈哈大笑起来。那个打扫卫生的阿姨见状，脸上的阴霾也一扫而光。

还有一次，公司的一位副总结婚，大家都去参加婚礼。后勤部的赵经理想出了一个难题想考验一下小段。借互相敬酒的时机就问道："段经理，大家都说你非常聪明，有个问题困扰了我好久，我想让你帮我解答一下。我媳妇跟副总媳妇是表姐妹，你说到底是副总媳妇漂亮还是我媳妇漂亮？"

此话一出，大家心里都偷着乐，因为回答哪个漂亮或者哪个不漂亮都不行。大家以为这下可难倒了小段，都等着看他出糗。

"漂不漂亮我说了不算，她们的老公才最有发言权呀！"

此话一出，引得了满堂喝彩。大家都被小段的机智折服，似乎也明白了资质平平的小段，能在进入公司不到半年的时间，就被破格提拔为销售部经理的原因。就连刚刚那个出难题的赵经理也对小段竖起了大拇指，啧啧称赞了起来。

由此可见，幽默是一种最有趣、最实用的沟通技术。

一个拥有幽默感的人跟别人谈话可以让他人感觉到快乐、轻松，可以瞬间拉近与谈话者之间的距离。幽默可以在你面对生活或者工作中的困境时淡化自己消极的情绪，采取一种积极乐观的态度和方式去处理这些问题和烦恼，促进问题圆满解决。幽默更可以化解你的尴尬，促使自己机智而又敏捷地解决与他人的矛盾，减少与他人相处的摩擦，让你跟他人的相处或合作更加融洽。

可以说，一个成功的人，或者是光芒四射的人，一定是一个具有幽默感的人。卡耐基曾经说过："关于沟通，除了词汇以外，最重要的就是如何让自己的话变得有趣味。"因此，懂得幽默是一种说话的智慧、一种才华，更是一种必备的说话艺术。

但生活中有的人好像天生就具有幽默感，如赵本山、冯巩；有的人貌似不具有幽默感，却能展示给大家理性智慧的幽默感，如马云、冯小刚。

其实，说话幽默的人并不是天生就具有幽默感。幽默感不会不期而至。幽默源于生活，是需要后天的培养和训练才能形成的。

首先，要培养乐观自信的处事态度。

幽默与乐观自古以来就是孪生姐妹，一个可以从不顺心的境遇中保持乐观心态的人，往往能在这些逆境中发现一些"戏剧性"因素，当然言语就会充满趣味。

生活中好多人往往由于不自信，遇到好笑的事情只会选择"自己偷着乐"，错失了与大家分享快乐的机会，当然，幽默也就与你擦肩而过了。而自信的人并不在乎别人的看法，即使是说错也无所谓，关键是他能够及时地说出自己感觉幽默的话题，在自娱中"娱他一下"。

其次，经常利用幽默的资源。

有句话说得好："近朱者赤，近墨者黑。"因此如果你想要成为一个具有幽默感的人，你就要从心里接受和喜爱具有幽默感和爱讲笑话的人，并经常和这些幽默的资源"混"在一起。比如：和幽默的异性交往；向一些幽默的人学习，记住他们的经典话语；经常看一些笑话、搞笑视频，以及娱乐节目，如《天天向上》《笑霸来了》等等，往往会对你提高自己的幽默感有很大的帮助。

最后，多多运用实践进行锻炼。

有了理论，只有积极地实践，才能让自己记忆更深刻，表达更流畅。平时在没把握的情况下，可以拿爸妈、爱人等关系比较亲密的人做陪练。茶余饭后"幽上一默"，刻意培养自己幽默的"细菌"，而一旦有了合适的语境，就要毫不犹豫地将自己学到的理论用起来，并要注意与时俱进，不断充实自己的"幽默库房"。

06

第六章

在职场中，掌握说话主动权

上司犯错时，你该如何说

在指出上司的错误时，直接给上司扣个"你错了"的大帽子，其结局往往是悲惨或者是不尽人意的。

在当今社会，掌握你升职、加薪甚至是职场的"生杀大权"的都是你的上司。在面对上司错误的决策或者是不经意出现的过失时，不分场合、不讲究说话方式地直接指出，更会让你"吃不了，兜着走"。

比如经理由于没有深入分析销售数据，做了错误的决策，使公司产生了损失。在补救大会的讨论上，你当着大家的面直言不讳地讲都是经理的决策失误，都怪经理。在他的心中就会对你埋下仇恨的种子，没准哪天找个理由就会把你踢出去。

再比如在年度总结大会的讲话上，副总将合作单位的数量由56个误念成了65个，你发现了副总的错误，快人快语地高声给予纠正，搞得副总脸上很没面子，事后他肯定不会对你有好印象，更别提给你升职加薪了。

人力资源部的小杨入职已经五年了，在工作上他能干又努力，做事情认真负责。但是让人不解的是尽管他工作出色，可职位上仍旧是人资部主管，一直没有升职。

一次，老板跟人力资源部、市场部，以及后勤部的中层管理开会讨论重新招聘几个新的销售业务员。

"我决定在市场部再招聘10名销售人员，并且学历要在本科以上，工资2500加提成。市场部和后勤部的人员协助人资小杨共同负责这个招聘工作！"老板一上来就说出了自己的决定。

"可是现在是淡季，我们没必要招聘这么多新的业务员呀！"还没等其他部门的上司说话，小杨就快人快语地提出了自己的意见。

"恩，也许，但我要为接下来的旺季做准备。"老板回答道。

"根据我往年的经验，即使是旺季来临，我们也没必要招这么多新人。而且销售业务员的话，没有必要必须是本科人员。学历高的，不一定会跑业务；但学历高的工资要求肯定就高，底薪2500肯定没有吸引力！"小杨接着反驳道。

"以往的经验不代表今年也会像往常那样，而且本科学历工资拿2000块钱的人社会上也不是没有。怎么，小杨，你工作上有什么问题吗？"

"不是，我就是觉得我们没必要招这么多人，而且条件又这么严苛……"

"现在离旺季还有一段时间，我已经拿定主意了。如果你没法完成这项工作的话，我可以找别人来做！"不等小杨说完，老板就怒气冲冲地下达了命令。

小杨正是由于不注意与老板的沟通方式，自以为经验多，在老板面前指手画脚，才会惹得老板不高兴。

在你"不留情面"地跟老板唱反调时，老板的内心潜台词应该是"我让你怎么做，你就怎么做，哪来那么多废话"。

其实，老板的心里肯定非常清楚你们以往的做法。所以当你在面对新的决策时，你就不要再拿以往的那一套理论来企图"教训"他。即使是他现有的决策出现纰漏，也轮不到你来指导。因为在老板的心里，员工就是要在决策下达的前期，绝对地服从！假如老板真的出现了什么失误，他也一定会在后期实行的过程中予以改正。要知道，今天老板能坐在那个位置上，一定不是偶然的，一定有他自己的"两把刷子"。

事实上，任何事物都有其内在的潜规则，现代社会更要讲究团队效应。作为一个老板，他更要树起自己的威信。如果因他的不慎做了错误决定，或者是说错了什么话，你就直接对他予以指责，无疑是对他权威的巨大挑战。不仅会对他领导队伍的团结产生很大的影响，而且会让他很没面子。即使是一个度量很大的上司也无法忍受你的这种挑衅。

有句话说得好："做事不由东，累死也无功。"生活中有的人工作非常努力，却备受上司的冷落，郁郁不得志，甚至遭遇降薪、离职，而有的人却能够因为会说话而受到上司的关注，很快脱颖而出。这其中的差别正是由于他们对待上司，这个掌握自己命运的人，犯错时做出的反应不同。前者眼里揉不进沙子，总是直接不留情面地指出上司做得不对或者不好的地方；后者则会审时度势，注意说话的方式，在配合上司的同时，又能让彼此的利益最大化。

　　因此，一个会说话的人，或者是懂得跟上司沟通的人一定不会把"你错了"直接扣在上司的头上。

巧妙说，化解和上司的冲突

由于每个人的观点、立场、人生经历，以及看待和处理问题的方法不同，工作中常常会出现自己的意见和上司意见发生冲突的现象。

比如你认为家族企业中人力资源管理，也就是每个人的职责界定以及薪酬结构的完善非常重要；但是公司的直接领导者却认为技术最重要，因为正是靠这些技术，公司才一直在盈利。

比如公司上司认为公司小戴经常跟别人聊天，无视公司规章制度，应该被开除；但你却认为虽然小戴爱跟别人聊天，但并没有影响大家以及自己的正常工作，只要对其稍微警告一下就好。

再比如，制定一些销售政策时，上司认为应该以市区为主要的销售、推销对象，而你认为城镇也有很大的发展潜力，公司应该投入更大的精力。

当面对与上司这样或那样的意见冲突时，许多人不知该如何解决。有的人会选择表面上屈服，实际上并不真心按照上司的指示踏踏实实地做事情；还有的人会积极拉拢自己的支持者，甚至会直接捅到更大的上司那里，让他来给你"评评理"，以表明自己的想法是正确的。

从职场沟通，以及人际交往上来讲，这两种方式都不是最佳的沟通方式。一个人际交往高手会懂得在上司与自己有意见冲突时，保留自己的意见，但不急于跟上司争得"脸红脖子粗"，不会立刻要求上司给自己一个明确的结论与答复。

　　小张是某公司的一名普通业务经理，他的直接上司是姓武的一位总监。小张负责的区域是一个县级区域，区域内的总经销商是一个表面说一套，背后却做另一套的人。每次公司要求经销商按照公司制定的政策来对产品进行促销，那个区域的经销商总是表面上答应，却没有真正落实到二级经销商那里。

　　旺季来临，为促进饮品的销量，公司为县级区域制定了"五赠一"的凉白开水的优惠政策。也就是经销商每卖出五件凉白开的水，公司主动免费补给总经销商相当于一件水的费用，而这件水是让总经销商返还给二级经销商，或者一些小门店里，以刺激水的销量的。

　　政策下达之后，那个县级总经销商并没有真正按照公司的政策来实行，而是进行暗箱操作，他只是把公司的优惠对每个门面进行了一个口头承诺，实际并没有兑现。

　　活动结束后，那位总经销商按照自己拜访或者做出承诺的店面订水量越级来找武总监给他报销费用。

　　"小张，这个总经销商是直接归你管的，你为什么没有将他的费用提报给公司呢？"总经销商走后，武总监试探性地问小张。

"对他的费用报销，我持保留意见。他实际上并没有完全按照公司要求的来做。因此我才不给他提报费用，他才来找的您！"面对武总监的提问，小张如实地回答道。

"不过，根据我这几天在他市场上的考察来说，我觉得他做得不错。毕竟公司制定的这个政策也是一个实验阶段，在此阶段不能打消了县级经销商的积极性。所以，他的费用还是应该实报实销！"抛开小张的意见，武总监依然坚持自己的决定。

"可是，后期公司稽查过来检查的时候，肯定会查出问题的呀！"小张接着说出自己的顾虑。

"没关系，我这么做也是支持公司的新决策，没什么好担心的，这次就这么定了！"不理会小张的意见，武总监依然坚持给这个总经销商报销。

本来小张还想再用一些证据据理力争，给武总监一个忠告。告诉他这么做会为虎作伥，甚至可能最后还会连累到自己。

但小张见武总监的态度如此坚定，再争论下去的话就只会破坏两人的上下级关系。因此，他就没有急着跟武总监摊牌，而是建议让武总监等公司的稽查调查完后再直接把报销的款项划拨给那个经销商。

果然，在公司稽查后来两个月的调查期间，收到了好多二级经销商对那个总经销商"承诺不兑现"的投诉。这时，武总监才意识到当初自己的决定是错误的。多亏了小张当时没有急于让自己表明一个态度，否则自己可能就会由于好面子，或者情绪激动而犯下错误了。

　　小张正是懂得在面对上司的意见跟自己的意见相悖时，不急于要求上司给出"要么选择相信我，要么选择相信他"的答复，而是采取一种冷静的处理方式，拖一拖，缓一缓。在接下来的调查中将证据摆到上司的面前，用时间来检验自己意见的正确性，从而既坚持了自己的意见和原则，又使问题得到了圆满的解决，甚至还意外地收获了上司的感激。

　　所以，当自己在某件事上与上司的意见或者处理方法有冲突时，一个善于跟上司沟通的人，是不会急着寻求结论以及对方的答复的。他会选择用时间来淡化尖锐的矛盾冲突，在彼此都冷静后选取一个比较折中的解决方式，既促进了问题的解决，又不会破坏彼此的友好关系。

委婉地表达，关系更融洽

　　与别人合作，最难的事情就是发现了对方的错误或者失误，却不知该如何指出。如果轻描淡写地指出，对方就会不怎么在乎，这对于实际错误的改正没有任何意义。但如果是义正言辞地直接指明对方的错误，听的人很可能又会完全曲解为你批评他。工作中给你板着个脸还是小事情，关键是会影响彼此的心情，甚至于后面会产生更大的矛盾。

　　中国人讲究"脸面"，奉行错误事小，面子事大。特别是在一个公司里，每个人都非常看重自己的脸面，而且越是身居高位的人，越会把自己的面子看得比什么都重要。

　　如果你当着众人的面说出对方的错事，那就会令对方非常难堪。为了避免这种难堪的局面的发生，或者仅仅为了"争一口气"，出现错误或者失误的一方即使知道自己错了，他也宁愿"死要面子活受罪"，绝不改正！这不仅不利于你们接下来的正常合作，还会对你们日后的交际交流产生不利的影响。

　　其实，在指出对方的错误时，委婉地提醒，往往能起到更好的效果。

　　王斌是一名食品添加剂公司的策划部文员，主要负责公司对外的广告设计、内容校对，以及和总部主管的各种对接。

　　一次，北京总部策划部主管范总给了他一份大型的电子屏广告的模板，要求下面的分公司按照他的这个版本进行制作。

　　在公司简介这一栏的板块里，有一个对公司名称"光华食品添加剂有限责任公司"的汉译英。"Guahuang Food Additive Co., Ltd."被错误地印刷成了"Guahuang Food Aditive Co., Ltd."。这个失误很不起眼，总部负责审核模板的范总可能没有注意到。

　　但是，这些广告牌是将要被放到全国的各大屏幕和知名展厅里的，到时候肯定会有许多外国友人来参观。在外国人的眼里，肯定一下子就能分辨出这句话翻译错了。这么简单并重要的事情都能出错，那不等于把公司甚至是中国人的脸都丢到外国人那里了吗？

　　意识到这是一个原则性的问题，王斌觉得应该趁现在还没有大批量制作出来，及时地纠正过来，可是，自己又不能直接跟范总指出，质疑他的专业水平，思来想去王斌决定换个方式提出来。

　　"范总，可能是离开学校太久了，这个'Aditive'的意思是什么，我竟一时想不起来了。"王斌在范总的办公室打开那份文件，指着那个单词问道。

　　范总瞄了一眼那个单词，笑着说："这不是添加剂的意思吗？咱们公司的名称呀！"

"哦，但是我怎么看着它长的这么不像呀，倒是这个单词看起来反而更像一点儿……"王斌一边在桌子的A4纸上写下那个单词的正确写法，一边故作疑惑地说。

"哎呀，我怎么会犯这么低级的错误呢！少了一个字母'd'竟然没有发现！"范总一边说一边着急地给广告合作单位打电话修正。

后来，范总在分公司老总面前对王斌大加赞扬，不久王斌就被提拔成了分公司策划部主管。

正是由于王斌委婉地指出了自己老板的失误，既保全了老板的颜面，又及时改正了他的错误，才能让问题得以圆满解决。当然，最后王斌也受益匪浅。

在你的身边肯定会经常遇到一些比较烦心的事情，比如合伙人经常公物私用，影响店里的正常经营运转；比如办公室明令禁止工作期间玩手机，但还是有一些同事在那儿偷偷玩游戏；再比如，跟你交接工作的同事在基础数据的统计上总是出现错误，导致你接下来的汇总也随之与往期的数据汇总出现很大的误差；等等。

当你面对这类问题时，直接要求对方予以改正的话，往往会适得其反，因为，生活中"死要面子活受罪"的人太常见了。这种心理反映的是人的本性，或者是人性的弱点，即当别人指出自己的错误，尤其是直截了当地指出的时候，人们的内心会自然产生一种不可思议的拒绝力量。

这种强大的力量中很大的一部分就是对于自我认同感的否定。当自己所相信的东西被怀疑或直接否定之后，人们就会产生一种焦虑，感到自己的自尊被伤害了，甚至感到自己的安全已经没有了保障，从而出现极大的抵触情绪。

　　因此，当你想要说服一个人，让他知道自己所犯的错误的时候，千万不要直接指出对方的问题，要想方设法地让自己的表达更加委婉，更加能符合他接受的范围，对他进行委婉地暗示，在劝服他改正错误的同时又要做到不伤害他；以尊重他为前提，在理解他的基础上，能够让他心平气和地欣然接受你的建议，从而改正自己的错误，这才是真正掌握了给别人提意见的艺术的一个成功的交际者！

数据对比，让结论更具说服力

在日常生活中，人们常常会遇到这样的情景：你与别人争论某个问题，明明自己的观点正确，但却无法说服对方，有时还会被对方"驳"得无话可说。其实，想要争取别人赞同自己的观点，光是观点正确还不够，你还需要提供强有力的证据，这样才能够让你的结论更有说服力。在一切苍白的语言面前，数据对比是一个最真实、最可靠的证据。

陆刚是一名医药器材的推销员，主要推销手术吻合器。但是，在他向一个知名的胸外科手术医院推销该器材的时候却碰了壁。该院负责采购医药器材的杨主任，多次以做手术、时间忙为由，拒绝跟陆刚面谈。不得已，陆刚决定"守株待兔"，直接到他的办公室堵他。

"杨主任您好，我是某医药公司的销售代表小陆，之前多次跟您在电话中联系过。"陆刚见主任忙完了手中的工作，恭敬地敲门打招呼。

"哦，原来是你呀，来之前你怎么没提前打个电话呢？关于你们那个吻合器的采购，我现在真的是没有时间跟你细聊。而且十分钟以后我还有个手术要做。"杨主任继续用一贯的官方托辞来回复陆刚。

"没关系杨主任，我这次不请自来，只想占用你五分钟的时间让你看一些对比数据。"说完，陆刚就把准备好的资料递给了杨主任。

"我知道您等下还有手术要做，这样，就让我简单地讲述一下这份资料的内容。"陆刚见杨主任对数据产生了兴趣，就适时地提醒道。

"恩，那小陆你就给我简单说一下吧。"杨主任回答道。

"这份数据是咱们整个市、县级医院，使用我们的吻合器后的术后并发症和感染率的统计对比。在之前的五年间，咱们市以及周边市、县共陆续有25家县级医院，18家市级医院使用了我们的吻合器。在对使用并参与术后吻合器的50000名患者后期的跟踪、检查的结果显示：使用了我们吻合器的患者，术后两年内发生胸痛，或者伤口感染的不到2人，其中1人还是由于自己没有按照医嘱用药，而导致了小部分的感染，整体的感染率不到0.1%。医院对我们产品的采购量也由最初的1个、2个，增加到了现在的100个、200个，医院对该器材的采购需求量呈直线增长。可以毫不谦虚地说，现在跟我们合作的医院，几乎是胸外科大夫自己主动提出对患者使用我们的这类器材的。"小陆情绪激扬地描述着这份数据，杨主任也听得非常入迷。

"但你们的吻合器价格比同行高出了近2倍，这样我们的成本就增大了。"杨主任提出了自己最大的疑虑。

"同行价格是比我们的低，但是您可以看一下使用他们器械的术后并发症的概率，竟然高出了我们20倍之多。就连跟我们价格最接近的某医药器械公司的器械，术后胸痛、感染的概率也达到了7%。现在医患纠纷越来越严重，如果保守估计一名患者的医患纠纷是10000元；咱们市级医院的患者流量是其他县级医院的5倍以上，按最少70万的接诊量计算，那么一年内我们就可以节约最少840万的医患纠纷费用。"小陆将现实的数据摆在了杨主任面前。

听完陆刚进行数据对比的阐述，杨主任若有所思地说："这样，小陆你把这份资料先放在我这儿，我需要跟医院的上级管理共同商议一下，晚上给你答复！"

果不其然，那天晚上他就收到了来自杨主任的电话，他一下子拿到了该院半年的吻合器的订单。

陆刚正是采用了数据对比法这个方法来说服采购商，才让对方无法反驳，也让自己的辩论更有说服力和可信度。

其实，有时候你无法说服对方，是因为对方认为你的话都是你自己的看法，是你杜撰出来的一些结论，再者就是对方本身就对你有成见，他有更充分的事实或者理由来反驳你，推翻你的结论。

在这个时候，你要做的不只是在语言上进行激烈的反驳，而是积极寻求"从众效应"，用一些可靠的资料数据来对比着进行说明。这样他就会无力反驳，甚至在大数据的证明下，从内心接受你的观点。由于这些数据都是经过事实验证的，既表明了你的观点具有权威性，又可以让你的说服工作收到意想不到的效果。

跟人打交道，说服别人的能力是与他人沟通能力的体现。一个懂得说话艺术的人，都懂得实话巧说，运用数据对比来间接阐明自己的意见和结论，让自己的观点或者结论无懈可击，也让自己的说服工作更容易进行下去。

换位思考，让上司更易接受

这个世界上没有完全相同的两个人，我们对同一件事情的反应、思考模式、行为模式等都会呈现出多样性。事实表明，每个人在内心深处都只相信自己，或者只相信自己已经认同的观念。人们讨厌在别人的威逼利诱或者强迫下购买任何东西，或者做任何事情。

但是，在人与人的沟通交流中，有时你又必须做到及时地对其进行劝谏。那么怎样才能让对方听自己的呢？

小孙是一家手机店的店长，他的顶头上司是一位李姓先生，李总才是店里的大股东。平时小孙全面负责店面的日常运营管理，而李总则只负责公司的重大事情，或者做一些指导工作。

但是情况复杂的是，那位李先生让自己的媳妇田媛在店里面做某品牌手机的导购。小孙对这个田媛感到非常头疼，因为田媛自认为自己是老板娘，整天迟到、早退，不服管束还是次要，她还对店里的其他人总是趾高气昂的，管东管西，跟同事的关系非常紧张。小孙早就想劝谏李总让田媛另换其他的工作了。

一次，田媛跟店里一位卖另一品牌手机的小谢起了冲突，开始时两人只是言语冲突，后来发展到对骂，再后来两个人竟然打了起来，影响非常恶劣。小孙意识到事情的严重性，决定找李总谈一谈。

"李总，前两天田姐跟店里员工发生的冲突，想必您也知道了吧！"小孙开门见山地跟李总讲道。

"恩，是的，这件事情你怎么看？"李总问。

"是这样的李总，让我先给您分析分析这个事情，不知道我说得对不对？您看，您作为公司出资最多的人，田姐作为您的夫人，实际上也可以被称为咱们店里的老板娘，她跟员工起冲突，按理说我应该站在她那边。"小孙一边说，一边注意到李总的表情慢慢缓和了下来。

"但是，作为公司的大股东，您肯定是最关心公司的盈利状况的。不管员工以什么方式将手机卖出去，卖什么牌子的手机。她只要是能给公司带来利益，那就是个好员工！"

听完小孙的分析，李总赞许地点点头。

"小谢卖手机是能拿到一定的提成，但她拿的钱再多，肯定比不上给咱们带来的收益。小谢的业务能力大家都是有目共睹的，可以说店里几乎三分之一的销售额都是她带来的。这样算来，她给您带来的利益可不仅仅是卖一部手机的提成就能相比的。田姐作为您的夫人，应该看到这个长远的利益，而不应该仅仅妒忌小谢拿一点儿提成就跟她起冲突，上演对打的闹剧。"小孙说完这些，李总示意他坐下来接着说。

"现在事情已经发生。平时大家就对田姐有一些不满，经过这件事情后，员工私底下纷纷议论公司仗势欺人，对待员工不公平，许多员工的干劲也是大不如前！我个人的意见是对小谢稍加惩处，但必须将她留下来，毕竟她能给公司、给您带来更大的效益。留下她可以稳定员工的心，带动一个团队。不过出了这档子事，现在田姐跟她是不可能再在一起共事了。所以，对于田姐，我也不知道该怎么办了，您看……"

没等小孙说完，李总拍了拍小孙的肩膀，说道："好了小孙，我明白你都是为我好，为咱们公司着想。这件事情你不用再说了，让我来解决！"

两天后，李总以孩子需要在家照顾为由，让自己的夫人离开了公司。

如果一上来小孙就劝说李总不让他的夫人在店里待着的话，肯定会惹恼老板。不仅解决不了实际问题，弄不好老板还会迁怒于自己。他正是懂得站在老板的角度为他分析利弊，让老板从潜意识里认为他是在为公司着想，为自己的利益着想，才能顺利达到自己的目的。

事实上，在人们对事情做出的反应里，通常都喜欢感性思考，喜欢感情用事。就像一个人只站在他的立场上劝说你，你会愿意听他说吗？肯定不愿意！正如你不可能保证自己只做对自己完全无利可图的事情，并且也不会对做这些事情永远保持浓厚的兴趣，每个人都只喜欢关注对自己有利的事情。

　　从根本上来讲，人性都是自私的。从人们内心对信息的接受程度来讲，大家都非常害怕听到自己有所损失，但却非常乐意听到和接受自己能获得利益的事情。可以说，劝谏一个人的方法千差万别，但从根本上来讲，对对方有利，即是真理！

　　有句话说得非常好："人们接不接受你所说的观点，很大意义上要看你的措辞。"所以，当你在劝谏一个人的时候，不妨在自己的措辞里多多运用对他有利的语言，站在他的立场去分析问题，才能够让他更容易接受你的劝谏。

07
第七章

酒桌上的说话之道

切忌窃窃私语

我国有几千年的"酒文化"，喝酒在人们的社交中占据着重要位置。酒作为一种日常交际用品，在待客、聚会、沟通中，发挥着独到的作用。酒桌上的局势变化莫测，古有"杯酒释兵权"，在现代社会也有在推杯换盏间就已经走马换将的事例。酒过三巡，菜过五味，在酒酣耳热之际向上司说几句情真意切的话语，也许升职加薪就指日可待；与合作伙伴吃饭，夹菜喝酒，热情友好，也许就能财源滚滚。

酒桌上说话的技巧关乎一个生意的成败，甚至会影响到一个人的一生。应对酒局，懂得酒桌上的礼仪者智，能言会言者胜。因此，要想掌握说话的主动权，在吃喝间赢得人脉，就要在酒桌上学会如何说话。

蔡阳是一个营销专业的应届毕业生，前几天刚刚被分到自己梦寐以求的电子公司做实习生。蔡阳非常珍惜这次机会，希望实习结束后能留在公司的营销部门工作。

这天，公司安排了实习生与正式员工的交际酒会，以方便大家沟通联络感情。

席间，他的座位与一位后勤部的许主管的位子紧邻。可能是刚到一个公司参加这样一个酒会，他的心里有点紧张。跟大家敬酒做完自我介绍之后，蔡阳就与邻座的张经理讲起了之前他在网上看到的一些笑话，也可能是两人都怕打扰到大家，所以说的声音比较小。而且由于交谈得太过投入，就连人事部门的经理向他举杯问候都没有听到。

"小蔡同志，你跟许主管有什么小秘密在那儿小声地说呢，不妨大声说出来跟大家分享一下！"经理似有愠色地问。

"没有，没有，就是说了一些无关紧要的小笑话。"蔡阳惶恐地回答。

"嗯，你很谨慎。"经理听了蔡阳的解释，似笑非笑地说。

但是，第二天蔡阳发现大家对自己疏远了许多，似乎做什么事情都有意躲着自己，心里纳闷，蔡阳就找到了平时跟自己关系比较好的一个老员工，向他请教。

"不是我说你，昨天酒会，你不该跟许主管在那儿窃窃私语。"那个老员工语重心长地说道。

原来，那个许主管人称"笑面虎"，总是说一套做一套，经常在老总面前打小报告。大家都害怕自己有什么小辫子被那个主管抓到，位置不保，就连人事部的经理都差点儿在他那儿吃大亏。那天蔡阳跟许主管在那儿谈得那么投入，大家还以为蔡阳是他培养的"小爪牙"，生怕自己有什么错被抓住，所以才不敢跟蔡阳走得太近。

　　蔡阳就是由于不懂得酒桌上说话的礼仪，才会引起大家的误解。

　　试想一下，如果大家都在兴高采烈地互相寒暄介绍，只有你跟周围的人在那儿小声嘀咕着什么，说到高兴处还忍不住放声大笑，或者时不时地抬起头看看别人，那么被看的那个人会怎么想？他就会想难道是我今天穿的衣服不合体？还是我脸上留下了吃饭的菜叶子？或者是我哪句话说错了？过后心里肯定会不舒服，觉得你不尊重大家，别人在你眼里或许就是个笑话，这将直接影响到你的人缘。

　　喝酒聊天，肯定宾客都比较多，有熟悉的也有不熟悉的。如果此时你与邻座的人窃窃私语，那样就会给别人一种神秘感，往往让人产生"就你俩好""你俩在议论别人"的感觉。

　　另一方面，人们往往会把喝酒聊天跟利益联系起来。如果在酒桌上你与一个人贴耳私语，也许别人在脑海中就会将你这个人进行"过滤""站队"，或者是求同排异。不管你是愿意还是不愿意，对方在心里已经跟你划分了界限。这对于你的广泛交友和交际是没有任何益处的。

　　蔡阳吸取了上次酒会的教训，在实习期快结束的一次总结晚会上，改正了和周围人窃窃私语的毛病。这次在酒桌上他与每个人谈话都言辞精准、情真意切。即使是提出的一些小插曲，也都是一些轻松幽默，能让每个人都参与进来的话题。既引起了共鸣，又调动了现场的活跃气氛。

　　经过这次酒会，大家对蔡阳又进行了一次重新认识，都被他的知识广博和幽默的人格魅力所吸引。三个月实习过后，蔡阳也顺利地留在了自己梦想的营销部门。

因此，不管是亲朋好友聚会，还是同事之间的沟通交流，要想做一个大家都欢迎的人，酒桌之上一定不能窃窃私语，有什么话都要放到"台面"上来讲，有什么难题也可以说出来让大家一起给你出出主意。酒桌上想要获得大家的认可，你首先要表现出自己的君子风度，语言上表现出尊敬别人，才能让大家都喜欢你。

摆正位置才能说对话

不管是什么酒宴，都会有一个"做东"的，即一个掏钱吃饭的主家。这位主家安排了大家聚在一起喝酒聊天，一定有一个自己的主题，也就是喝酒的目的。你在赴宴时首先要摆正自己的位置，不要在杯酒交错间大放厥词，忘了自己只是一个"陪酒"的配角。即使大家都没有明说，落座之后也应先环视一下各位的神态表情，分清主次，把握说话的"火候"，不要单纯地为了喝酒而喝酒，扰乱宴会主人的计划，辜负了主人对你的信任，伤了彼此的感情不说，在别人的眼中，你也只是一个哗众取宠的酒徒，即使大家碍于面子不当即表现出来，心里也不愿意与你这种人交朋友。

老周10岁的儿子想学钢琴，老周非常支持，他也希望儿子能有个艺术特长，学得好的话将来还有利于升学和发展，所以希望找个好点的钢琴老师来教孩子。他听说同事大刘跟当地一位有名的钢琴老师吴老师是朋友，就想着让大刘给拉拉线，攒个局，请那位吴老师出来吃个饭，看能不能请他收儿子为"徒"。

精心准备了几天，吴老师终于答应在周五晚上一起吃饭。

这天老周早早来到了饭店，喊了大刘、小齐、老张等几个酒场高手，想着一定要把吴老师陪好，把事情办成了。

本来彼此见面，互相介绍，嘘寒问暖，觥筹交错间大家交谈得非常愉快。但是，可能是大刘好多年没有与这位远房亲戚走动了，这期间也发生了许多事情，一时感慨，他就不免多喝了几杯，而几杯酒下肚后，大刘说话就开始有些把持不住了。

从之前的自己如何风光，到现在工作调动，不受老板的重视，甚至是自己跟老婆、亲人间产生的家庭矛盾，大刘都一一向众人说明，别人想插嘴都插不上。他越说越激动，并且说到动情处还不免鼻涕一把泪一把地向吴老师诉苦。

老周见状非常着急，毕竟自己的正事还没有办呢！可是，每当老周端起酒杯想向吴老师敬酒，表达自己的所求时，总是会遇上大刘的各种状况。不是他跟其他人大声嚷嚷；就是他借着酒劲，目光迷离地指着老周说："不懂，老哥你真不懂，兄弟我这几年过得憋屈呀！"

期间另外一个陪酒的小齐多次提醒大刘说话注意点儿，并且尝试以"出去抽烟"为借口，拉大刘出去。可是，此时喝醉酒的大刘又怎么能听得进去呢！

无奈，老周最后只好草草地结束了宴席。在送走其他同事的时候，老周气愤地说："看大刘那个样子像什么话！拉家常诉苦也不该在这种时候呀！我咋就这么傻，还妄想让大刘这个

酒鬼来帮我当说客呢！好好的事情让他给我搅黄了！唉，从今
以后就当我从没交过他这个朋友！"

大刘正是由于在酒桌上充大，不懂得酒桌上说话的礼仪，哗众取
宠，喧宾夺主，搞砸了主人的"酒局"，让朋友对自己的信任变成了失
望，才失去了老周这个朋友；同时他在酒桌上的大放厥词也让其他人脸
上无光，非常尴尬！

殊不知他在酒桌上这样说话，失去的不仅仅是老周这一个朋友，俗
话说"酒后吐真言"，大家见到他酒桌上的表现，一定都认为他是个自
私、狭隘，又怨天尤人的弱者。这样的人，大家又怎么会跟他深交呢？
他失去的可是一大批想跟他交心，或者正打算跟他交心的潜在朋友。

酒桌上说话，一定要明白谁才是"今天的主角"。一般都是主人最
大，要首先跟请客的人打招呼，毕竟老话不是说"吃人家的嘴短，拿人
家的手短"嘛。如果你是被别人"顺道拉过来的陌生人"，那么在开口
之前一定要先打听一下主人的身份或是留意别人如何称呼，又或者是用
心观察，做到心中有数，避免出现尴尬或者伤感情的局面。

再者，如果你要中途离开，千万不要和谈话圈里的人一一告别，你
只需悄悄地和身边的两三个人打个招呼，然后再跟主人说一声儿，即可
离去。千万不要拉着主人聊个没完，占用主人过多的时间，导致其他人
被晾在一边；或者一一询问认识的人要不要一块走，这样的话本来热热
闹闹的场面，被你这么一鼓动，一下子便提前散场了，这时主人就会很
没面子，过后他会很难原谅你。你一定要学会先摆正自己的位置，自己
不是"主角"，离场不必惊动所有人！

总之，不管你是参加正式的或者是非正式的酒宴，也不管是你的朋

友邀请，或者是上司要求，酒桌上开口说话之前一定要细心观察，做到心中有数。只有适时地充当一个衬托他人的绿叶，才能让自己成为一个有风度的人，你才能受到主人的欢迎，大家才会更加愿意跟你交朋友！

酒桌上，有些话绝对不能说

在日常工作、生活中，经常有一些朋友聚在一起喝酒聊天，缓解一下工作和生活的压力，联络一下彼此的感情。酒宴之上往往需要一些谈资来助兴。但是，有的人总爱讲一些扫兴的话，搞得大家都不开心；有的人会认为酒桌上自己百无禁忌，但其实可能别人就有许多言谈禁忌，你不注意这些，就可能会得罪对方。

小陈是一个刚参加工作的20多岁的小伙子。一次中午吃饭，老板说下午没什么事，就提议中午到外面喝点酒。

一行人就近找了家小餐馆，点了一瓶白酒，开开心心地喝酒聊天。中间有道菜是黄瓜蘸酱，这里的酱是黏糊糊的那种，可能是小陈的家乡没有这种酱，也可能是头一次参加这种酒局没有经验。小陈上来就是一句："这酱怎么没有豆啊，黏糊糊的，跟稀粑粑一样……"说完还大谈特谈这种酱是怎样制作的。

被他这样一说，大家顿时没有了食欲，有几位女同事连别的菜也不吃了，只在那儿干喝水，场面非常尴尬。

还有一次同学聚会，步入社会之后的大家都在谈论自己遇到的各种新奇的事物。当然，在感慨社会多样化的同时，大家也偶尔调侃一下自己在大学里做过的那些"蠢事"。

只有小陈，一会儿问问这个同学在哪里任职，工资待遇怎么样；一会儿又说谁谁的行业没有发展的空间，应该赶紧跳槽。刚一开始大家出于礼貌，还象征性地回答几句，后来大家干脆都不搭理他了。

从此以后，大家都知道了小陈"搅局"的这个毛病，出去喝酒就都不叫他了。

由此可见，想要在酒桌上受到大家的欢迎，就一定要懂得不要谈论下面的这些禁忌话题。

1. 经济问题

朋友之间许久未见，许多人一上来就喜欢打听别人做什么工作，薪水是多少，好像只有知道了别人过得不如自己，才会安心。

现在的人们工作压力都很大，本来在饭桌上吃饭就是为了放松放松心情。你一上来就把满满的负能量传播得到处都是，肯定会搞得大家非常压抑。况且，不在一个行业，话题本身的探讨就不太好进行，如果继续下去，只能冷场，宾客间相处得也不开心！

关于收入，每个人都不愿意触及。因为人人都有一颗攀比的心，一谈论到收入问题，收入低的人就会"暗自神伤"；而收入高的虽然极力掩饰，但"得意之形"也往往会溢于言表。况且，别人挣多挣少跟你有什么关系，他的钱又不会跑到你的口袋里。其实，每个人过得怎么样，大家心里都有数，你在人家面前反复地确认，只能伤害大家的感情。

2. 父母、夫妻、孩子等一些家庭矛盾

有些人在酒桌上总喜欢讲自己的公婆如何如何偏心，生活习惯有许许多多矛盾。其实"家家有本难念的经"，这些问题谁也理不清。而且当你把这些问题抛出来的时候，无形中也会让别人开始觉得愤愤不平，大家吃饭也吃不开心。

还有一些家长在饭局上，总是被问到：孩子多大了？学习怎么样？结婚了吗？工作怎么样？工资多少……这时，一些爸爸妈妈就开始"口若悬河"，如果孩子在现场的话，场面就更尴尬了。本来现在的孩子压力就很大，这样一逼，更不愿意待在饭桌上了。

有些男人或女人，总喜欢在酒桌上拿对方的小缺点、小毛病大肆地调侃。比如媳妇懒得要命，自己的老公好几天都不洗脚……不免会使对方难堪，无论对方的心有多大，作为老公（或者老婆）都不应该去试探对方的底线！

3.酒桌上勿谈生意

你可能会说，合作商之间，本来就是为生意坐在一起喝酒的，喝酒本来就是一种"应酬"，不谈生意上的事情，喝酒还有什么意义？但

是，千万不要一上来就谈生意上的事情。人家还不知道你是张三还是李四，你这个人到底怎么样，直接就跟别人开口要订单，闭口谈合作，不是明摆着要吃闭门羹吗？酒桌上不要太心急，喝好了，生意也就差不多了。大家心里面都明白，不然人家也不会敞开了跟你喝酒。

4. 恶心或者血腥的事

酒桌上除了谈心、交流以外，一个重要的事情就是吃饭。你在大家都吃饭的时候说一些车祸、断胳膊断手的新闻，或者指着一道菜说它长得像蛆虫，大家不免会进行联想。好好的一顿饭，就被血肉模糊、蛆虫乱爬给破坏了，恶心到自己也就算了，关键是还恶心到了别人。所以，如果想要大家安稳地吃好、喝好的话，你就要在酒桌上做一个会说话的绅士。

5. 低级、下流的话题

许多人，特别是男性，在酒桌上总喜欢讲一些低俗的话题，以供大家娱乐。

但是，大家在一起喝酒，肯定有男性也有女性。你讲一些低俗的话题，你在大家心目中的形象也会大打折扣！

巧妙运用"祝酒词"

酒场如战场，是展示个人实力的一个竞技场。特别是与上司在一起喝酒时，一个妙语生花、言谈幽默的人往往能够获得老板的青睐，而一个语无伦次、漏洞百出，甚至是"三脚踹不出一个屁的人"只会让上司小看，又怎么能指望他重用你，把你安排在重要的岗位上呢！

小庄是一个刚毕业的大学生。为了显示老板对他们的重视，入职的第一天晚上，公司里举行了一个盛大的欢迎晚会。公司总裁、总经理、副总，各部门的经理都参加了这个酒宴。

酒席上大家纷纷向各个部门主管敬酒，小庄坐在角落里，可能是第一次参加这种盛大的场合，有点不知所措，也有点害怕。所以，只有在自己所在部门的经理主动跟他碰杯时，他才笑笑地端起了酒杯。在后面的过程中他都默默地吃菜，默默地喝水，全程都没有站起来跟其他部门的经理或者同事敬酒。后面吃完要走的时候，大家都完全当他不存在。

第二天，他的经理闲聊的时候问他："昨天晚上你怎么没跟咱们的总裁、总经理、副总他们敬酒呢！"

小庄不好意思地说："不是我不想，第一次见到这么多上司，我不敢！"

经理听过后鼓励他说："没关系的，大家都是同事。下次不要那么拘谨，放开点儿！"

过了几天，中午有个饭局，几个部门的主管说来一杯。有了上次的教训，小庄心想："我可不能再像上次那么胆小怕事了！"

于是在轮到他敬酒的时候，只见他端起酒杯，站起来直接来一句："我敬各位主管一杯。"顿时满桌子的尴尬。

幸好当时自家主管也在，他的直系上司打圆场说："要不这杯酒就当作你一个小辈的自我介绍吧！"还好，别的主管也没太在意，气氛才慢慢地缓和了下来。

后来又过了两个月，他的经理陪几位重要的客户吃饭谈生意，临时让他来送一份资料。对方出于礼貌就让他坐下来喝一杯，没想到小庄上来就是一句："我不太会说话，也不会喝！"

小庄走后，对方客户跟小庄的经理调侃道："怎么您这么英明的上司手下，还有这号人物！"

没过几天公司就以他不适合该工作为由，将小庄辞退了。

你看，小庄正是由于不懂得在酒桌上说话的技巧，总是让上司为难，才会被公司辞掉。

由此可见，想要在上司面前"出彩"，一定要懂点酒桌上的祝酒词，拿出点自己的实力。

黄刚是一位卖自动门的业务员。他博学多识，反应灵敏，很受大家的喜爱。

有一次，经理和他被老板临时叫去陪客户喝酒。席间有一个年龄比较大的客户跟黄刚喝酒，可能是客户嫌站起来碰杯太麻烦，就对黄刚说："大兄弟，咱俩就别整这么客套了，就这样坐着干一杯！"

黄刚听后接话道："您看按年龄说您是我的长辈，按地位您又是我的上司，不管从什么方面说，我都不能和您平起平坐。即使大家嘴上不说什么，也该觉得我太不懂规矩了，这酒必须是该我给您端一个！"说完就站起来双手为那位客户端上了一杯酒。

看到黄刚的做法，对方直夸黄刚会说话，能干大事。

还有一次，经理为一位重要的客户刘总添酒，可能是经理一时正在思考事情，晃了下神，就没有把酒给客户添满。

那位重要的客户似有不满地说："咱们公司就这么穷吗？喝个酒也不给我添满！"

经理一时语塞，不知该如何回答。黄刚见此情况解释道："刘总，我们经理没给您倒满是希望您'美满幸福'！"

那位刘总继续不依不饶地说："'美满幸福'什么，我还没媳妇呢！"

黄刚接着又说："面包有了，牛奶也会有的。嫂子呢，就更不用说，不久就会有的，这'美满幸福'就是个征兆！"

一句话逗得那位刘总哈哈大笑，直夸黄刚"贼头"！

饭后经理在感谢黄刚的仗义之时，还竖起大拇指称赞道："没想到小黄你还有这本事！"

从此以后，不管经理去哪儿陪客户，都拉上黄刚，黄刚不久也由中级业务员升上了高级主管的职位。

在现代职场，喝酒考验的是人心。真正的职场社交之道，在于你让别人感受到你这个人是有价值的、安全的、诚恳的人，这才是社交的基础。

有人可能会说，"我最讨厌的一种人就是酒桌上阿谀奉承、花言巧语的人了。"但是，酒桌上会说话，也是一种能力。

喝酒时发言越靠后，就越需要自己的语言有个性和特点。那些常规祝福语前面的人都说了很多了，再说就重复了。这时，就需要你的发言比较幽默，视角独到，让大家耳目一新，在语言上创新的同时，又不脱离祝福的主题。

所以，一个才思敏捷的人，总是懂得在酒桌上用一些巧妙的祝酒词来展示自己的实力，让上司看到自己价值的同时，又能博得满堂喝彩！

最关键的是彼此尊重

生活中不管是朋友聚会，还是工作中谈生意，总会遇到一些人喜欢劝他人喝酒。这种人就像苍蝇一样在耳边"嗡嗡嗡"地叫个不停，令人非常讨厌。

孟伟是一个销售白酒的经理。大家都知道，卖白酒的，肯定酒量都不差，孟伟正是这样。但是孟伟除了自己爱喝酒以外，还有一个毛病就是爱劝别人喝酒，也不管那人能不能喝。

有一次公司开订货会，来了许多区域经销商。为了彰显公司的大气，老板晚上还特意安排了"酒局"，当然孟伟等许多业务员都在陪酒人之列。

其中有一个寿县的经销商杨林，为人正派，性格也比较刚烈，关键是人家注重养生，不喝酒。他一上桌就表明了自己的态度："滴酒不沾！"

一开始还好，大家都在那儿喝酒，杨先生就在那儿喝喝茶，顺便跟大家附和两句。但是，几杯酒下肚，孟伟就有些醉意，他摇摇晃晃地走到杨林身边道："杨总，公司让我来，就是要保证陪你们吃好、喝好。但是杨总，您在桌上半天也不喝酒，可是兄弟哪里有做得不对的地方？"

杨林耿直地回答："没有，就是不愿意喝酒！"

"哈哈，杨总，你可是卖白酒的，怎么能不喝酒呢？"孟伟依然不依不饶。

杨林有点儿不耐烦地答道："卖白酒，就必须喝白酒吗？这是什么道理！"

"那不行杨总，今天你不喝就是不给我面子！"孟伟醉醺醺地说道。

本来杨林性子就刚烈，听孟伟这样一说，立刻暴跳如雷："你是谁呀，我为什么要给你面子，我不给你面子又能怎么着？"

大家一看两个人都快要吵起来了，就赶紧把孟伟拉了出去。事后那位经销商还跟公司老板说："以后来公司，只要是有我杨林的地方，就不能有孟伟这个人！"

就是因为孟伟胡乱劝酒，全然不顾别人的意愿，在酒桌上充大，才把自己置于这么难堪的地步。

"劝酒"实际上就是劝酒者将自己的意愿强行加在别人的身上。常见的劝酒话有以下几种。

第一，对喝酒者进行情感绑架。

很多人劝酒的时候，喜欢用"不喝就是瞧不起我""感情深，一口闷；感情浅，舔一舔""这杯不算""自罚三杯"等这些话进行情感绑架。

当你说"不喝就是瞧不起我"时，对方就会对你产生厌恶。本来喝酒只是人们日常的一种放松和朋友之间交流感情的方式，喝多喝少量力而行即可，没有必要以"谁瞧不起谁"这种牵强的理由来劝酒。即使别人在你的逼迫下极不甘愿地喝了，内心对你的行为也充满鄙夷，认为你没酒品，以后更不愿意与你深交了。

"感情深，一口闷；感情浅，舔一舔"，如果对方极其厌恶别人强行劝酒，真的就舔了舔杯子，那你岂不是很难堪？可谓拿起石头砸自己的脚，自食其果。

"这杯不算""自罚三杯"，经常有人因在酒局说了不恰当的话，或者没有准时到场或迟到而被罚酒。在受罚者干了一杯后，却仍然有人起哄，嚷嚷着"这杯不算""自罚三杯"，希望对方多喝几杯。这种行为很招人反感，是一种没有契约精神的表现。约好的事情，对方照做了，而你又开始耍赖，别人自然就会认为你不守信用，不值得信任，不会再与你这样的人做朋友。

再者说，你有什么权利让对方"自罚三杯"，说这话的人不是在自取其辱吗？其实在别人的眼里，根本就没把你当回事儿。

第二，对喝酒者进行言语讽刺。

有些人总以为，到了酒桌上别人就要给他"三分薄面"，说话没轻没重的。在劝别人喝酒时总是用"就喝这点，是不是男人""男人不喝酒，枉在世上走"，对其进行讽刺挖苦。

其实酒桌上最忌讳"交浅言深"，本来人家跟你就没有那么深的交情，你说这话不是在激怒他，让人家记恨你吗？况且二两酒下肚，保不齐两人就开骂，甚至会打起来。

第三，对喝酒者连哄带骗，软磨硬泡。

别人劝酒，有些人肯定就会找一些理由"挡酒"，不过有些劝酒的人还总是不死心。比如，被劝酒的人有时候会说自己开车，不能喝酒，但那位劝酒的人似乎不依不饶，本来自己也喝得快摸不着北了，竟然还慷慨地说"我开车送你回去"。别人说自己身体不适，劝酒的人却说"多喝点儿，酒是消毒的"，真是"无所不用其极"。

大家在一起喝酒，目的是交流感情，喝酒这事儿本身就是自愿的，一切都应当发乎情而止乎礼。你不能仗着自己的地位或者几分酒气，就对他人进行盲目劝酒。当你以"维系感情"的名义，强行对他人进行劝酒时，在你朋友的心中你已经不再是为对方考虑的知心好友了；而在一个初次见面的人面前，你更会变成一个惹人厌的小丑。

因此，酒桌上要想不失去老朋友，交到更多的新朋友，强行劝酒的话就不要胡乱说。

有节制地"侃大山"

侃大山，又称"瞎扯"，在酒桌上是一种常见的说话方式。几位好友喝到酒酣处，说些"东一榔头，西一棒槌"的话，可以调节一下酒桌上的气氛，不至于"冷场"。但是，若一味天南地北地，毫无原则、毫无分寸地"侃大山"，就会给别人留下不好的印象。

朱涛是一个大大咧咧，为人善良，乐观开朗的小伙子，平时喜欢跟朋友开开玩笑，吹吹牛皮。因此，大家一直都觉得他是一个有钱又阔绰的人。

有一次，结束了一天的劳累工作后，几位同事就起哄让他请客。他也爽快，当场就答应带大家去"下馆子"，吃最好的菜。

果然，他带着大家去了一个比较不错的饭店，味道不错，菜品又全。八个人点了六个菜，可能是大家都累了一天，比较饿，服务员端上来的菜不一会儿就被一扫而光。坐在他旁边的一个哥们提示他再点俩菜，大家都还没吃饱。

于是，他就叫来了服务员问道："咱们这儿还有什么特色菜呀？"

可能是服务员夸大其词，就说："我们这儿什么特色菜都有，看您想吃什么了！"

一听服务员这么说，朱涛的嘴瘾就上来了："那给我来份云彩吧。"

大家听后都哈哈大笑起来，服务员也讪讪地说："不好意思，我们这儿做不了云彩，要不您再点个别的！"

"那要不你给我来个蒸骆驼，要整只的那种，别切，这个有吧？"

服务员听后也不好意思顶撞，就顺着他说："这个有，您还要什么？"

"再给我来个铁锅炖企鹅吧，大锅炖。然后把那个铁锈的汤都给我炖出来，那个肉要特别筋道。"

听完朱涛的胡侃，服务员直挠头。

一位同事提醒道："你就别难为人家小姑娘了，随便再来点儿什么得了，吃完咱们赶紧早点回家。"

朱涛回答道："那可不行，这小服务员这么有意思，我要好好问问她家都有什么好吃的。"

接着又继续跟服务员调侃："要不再给我来道红烧鲸鱼，要1500吨的那种，要整块红烧，多放辣椒，多放盐。"

听了朱涛的话，服务员也有些不耐烦地说："先生，您点了半天也没点一个我们能做出来的，我这边还有好多客户等着呢，麻烦您快点儿！"

朱涛听后说："不是你刚刚说的什么都能做吗？要不再给我来份红烧狮子头，狮子就要咱们动物园的狮子就行，要……"

没等朱涛说完，有几个人就借口有事走了，边走还边嘀咕："原来就是拿我们闹着玩呢……"

正是由于朱涛不注意侃大山的分寸，在大家都饥肠辘辘，想尽早回家的情况下，还在那儿长时间地跟服务员胡侃，才会惹恼大家，让大家以为他是故意拖延时间，不愿意再加菜了，从而在心里小看他，认为他"就这水平"，小气，不值得交朋友。

小赵是一个业务员，有一次他跟其他地方的几个业务员一起吃饭。可能是由于大家彼此都不熟悉，小赵就想吹吹牛。

他跟大家说自己家是种人参的，各个品种的都有。谁如果想要的话自己下次可以帮忙带几斤。

那几个没见过世面的业务员听后，眼神里流露出崇拜的神情问道："那你们家那边的人参多少钱一斤？我先把钱给你，下次你帮我带点。"

小赵非常严肃地说："如果只要一斤的话，我就直接送给你们好了，我们家那边的人参都是跟萝卜一样，论斤卖！"

那几个业务员听后纷纷举起酒杯向小赵敬酒。

自尊心得到极大满足的小赵又开始瞎扯道："我们家那边的人都特别有钱，一次我老婆微信转账转错了钱。不多，也就

6000来块钱吧，她百度了一下，发现不能撤回，就跟我打电话哭诉。我说：'没事儿，不就6000多块钱吗，咱不要了。'没想到24小时后那人没有收，钱又自动退回了老婆的手机里。"

说完这个他还不过瘾。接着又说："我们那边有座黄金山，是从前某个大人物的私人宝藏，里面全是金条，现在政府已经把那边保护起来了。但是，由于我们家就在那边儿上住，没事儿的时候我们家还是能偷拿点儿金条出来的。"

后来有一个业务员实在饿得听不下去了，就说："赵哥，你们家的人参是不是又叫"小人参"？嫂子上次不是把钱转给了你，然后又要回去的吗？"

大家听了这些话都小声地笑起来，此时的小赵恨不得找个地洞钻进去。

所以，侃大山也要有一定的分寸。一般跟朋友在一起，当大家都在"一个频道上"的时候可以稍微"侃"一会儿，但千万不能不让别人插嘴，没完没了地自己在那儿一直说。再一个，跟合作伙伴在一起的时候也一定要注意话题错得不要那么"离谱"，要不然别人就以为你是在轻看他们，不尊重他们，他们又怎么能敞开心来接受你呢？

08

第八章

关键时刻，学会说"不"

别让不懂拒绝害了你

对于许多人而言，面对同事、同学或亲戚朋友的要求，让他说出个"不"字，比登天还难！有时候宁愿自己吃点亏也不愿意说拒绝，只因为想要保护好跟别人的友好关系。其实，不管是工作还是生活中与他人交往，都需要你学会适当地拒绝。

蒙蒙是一个公司的文案策划，由于刚到一个公司，再加上这份工作也是她感兴趣的，所以基本上部门里所有的关于文字部分的活她都会帮着做。

过了一段时间，蒙蒙的工作量加大了，她感觉自己有点儿力不从心。有一次，聊天群里有个同事丢给了她一个任务，要写个文字报告。因为蒙蒙一直忙着，就没有及时给回复。

到了快下班的时候，那个同事过来找她要东西，蒙蒙就说今天太忙了，给忘记做了。

于是到了第二天，老板就开始找蒙蒙谈话，说有同事报告说她这几天有点儿不配合其他人的工作。

蒙蒙听了老板的一番话，感到非常地震惊。就是由于自己不懂得拒绝别人的要求，才会导致大家但凡有个或长或短的文字任务都过来找她代办，慢慢地，她的工作开始饱和，最后负荷超支了。她把自己变成了个所谓的"老好人"，同事们都觉得她做这种事情是理所当然的。

在别人的眼中，一个"老好人"偶尔拒绝别人一次就会变得"十恶不赦"；而那些平时脾气暴躁，喜欢拒绝别人的人却反而过得非常逍遥自在。

意识到这一问题的严重性，蒙蒙决定改变这一现状。她趁一次老板给大家开会的机会，提出了一个名为工作绩效考核的方案。其实就是对那些曾经自己帮助过，或者想让自己帮忙做事情的同事进行工作职责的划分，不属于自己的工作，绝对不会再揽在自己身上。

从此以后，蒙蒙工作起来不仅轻松了，而且再也没有人拿她不配合别人工作说事。同事们见到她也都客客气气的，她反而受到了大家更多尊重。

其实，跟别人打交道，一定要学会拒绝一些事情。拒绝超负荷的工作，拒绝不公平的待遇，拒绝自己没有把握的事情，拒绝别人浪费自己的时间，拒绝损害自己利益的事情……

如果你处处因为不好意思，对他人的要求不懂拒绝，那么别人就会变本加厉地对你提要求。你会慢慢发现，你需要操心和承担的事情越来越多。当你真的承受不了的时候，就会给自己带来更大的麻烦。

冯亮在公司里以老实著称，老板也是看他这人实在，不会耍滑头，所以就派给他了一个任务：去客户那里催款。

实际上，他不善于和别人打交道，催款这种事情根本就做不来。

"老板应该交给能说会道、善于交际的人去做才好。"冯亮心里头这么想，但嘴上却碍于面子没好意思说出来，并且他又害怕拒绝了老板会惹对方不高兴，最后就硬着头皮答应了。

来到目的地，对方好酒好菜地招待冯亮。但酒桌上只是不停地劝其喝酒、东拉西扯，绝口不提还款的事。冯亮为人实诚，喝了几杯酒后就义正言辞地表明必须让对方还款，在酒桌上与对方撕破了脸。对方一气之下，饭都没吃完就编了个理由，把他打发走了。

回去之后，老板非常生气。对他说："你既然办不到，当时怎么还答应了下来？这是工作，不是你逞英雄的地方！"

正是由于冯亮在面对老板交给自己无法完成的任务时，不懂得拒绝，才会让自己陷于这样一个两难的境地。

赵然家有一个远房亲戚，是那种赚了一个月的钱然后就吃吃喝喝全部用光的人。一次，那位亲戚来家里说孩子发烧住院急需用钱，想从他那里借1000块钱。赵然虽然知道这个人的品行，但是人家既然开口了，他就没好意思拒绝。

从此之后，那个亲戚就一发不可收拾。今天不是孩子上学需要钱，明天就是自己房租交不上了，每每都来找赵然借钱。

搞得赵然一听到他来，就不敢进家门。

赵然就是因为没有在那个好吃懒做的亲戚第一次来找他借钱的时候就坚决地拒绝，才会让自己变成"冤大头"。

著名文学家三毛曾经说过："不要害怕拒绝他人，如果自己的理由出于正当。当一个人开口提出要求的时候，他的心里根本预备好了两种答案。所以，给他其中任何一个答案，都是意料中的。"

因此，作为一个成年人，即使遭到拒绝对方也不会因此就讨厌你，远离你。如果你由于正当理由的拒绝而失去朋友，那你也不必觉得可惜，因为如果不理解你，怎么还能算你的真正的朋友呢？所以你也不必伤心。

只有懂得拒绝，你才能获得自己应得的利益；只有懂得拒绝，你才能掌握主动权，获得他人的尊重。可以说，与人交往就应该懂得拒绝，也许拒绝得越多，你反而会与他人相处得更开心。

被触及底线，果断说"不"

与他人交往，难免会遇到别人的无礼要求，甚至有一些人，总是随意触碰别人的底线。第一次你若答应了他，他就会认为你凡事无所谓，不知不觉地得寸进尺，接着是第二次、第三次……

你在面对他人过分要求时的忍让，不仅伤害到了自己，还会对你们长远的交往不利。因此，想要获得长久的朋友，在这种事情上千万别含糊，面对他人触及底线的要求，应坚决地说"不"。

小吴是一位非常善良的新时代女性，平时的她性格开朗，乐于助人。无论是生活中还是工作上，她给大家的印象总是无所不能、无所不通的。因此，平时大家空闲的时候也总喜欢喊上她一起逛街、吃饭、谈天说地。在大家的印象中，她是一个永远把别人的要求放在第一位的人。

有一次下班后，平时关系比较好的小雪、兰兰、轩轩三个好姐妹拉着她一起去逛街。逛着逛着时间就晚了，但由于第二天是周末，大家不用担心上班迟到。于是几个活泼的小女孩就又拉着她一起去KTV包了个房间唱起了歌。一开始，她们几个玩得还比较开心，但是，慢慢地大家都觉得有些枯燥，唱歌也没有之前有激情了。

这时候，同事小雪提议道："要不，咱们来拼啤酒好不好？今天大家不醉不归！"

其他两个同事都兴高采烈地举双手表示赞同。

但小吴听后坚决地反对："陪你们唱歌可以，但你们知道，我可是滴酒不沾的！"

小雪听后一怔，心想平时事事百依百顺的小吴今天怎么会拒绝自己呢？一定就是故意做做样子。于是就再次调侃道："吴姐，我们三个年龄比你小的都敢喝酒，你不会是不敢吧？而且咱们又不是喝白酒，就几瓶啤酒，坏不了你的规矩！现在，我们三个都那么高的兴致，你如果不喝的话，那多扫兴啊！"

听了小雪的话，小吴再次正色道："不是我扫大家的兴，也不是我故意给谁难堪。平时咱们大家怎么吃、玩我都陪你们，但就一样：滴酒不沾，这是我的底线。而且现在都快晚上十二点了，我们几个女孩子如果喝得烂醉的话也太不像样子了！好女孩守则不是总告诫咱们要在十二点之前回家吗？"

小雪一听小吴这样说，心想：平时几个好姐妹无论是多么过分的要求，吴姐总是会尽量满足？为何今天到了我这里就让她喝点啤酒这样的小事就卡壳了呢？这不是看不起我，并且还借机挖苦我么！

于是就阴阳怪气地回击道："是，你吴姐是一个有底线的人。就我们这些见识浅薄的小姑娘没底线，不是好女孩！你大可以回家啊，不答应我的要求就是不愿意跟我敞开心胸做朋友！"

其他两个人见小雪情绪如此激动，一个人就赶紧拉着小吴催促其回家；另一个人也不停地劝慰小雪。那次聚会，两个人不欢而散。

但是，周一刚开始上班，正在复印资料的小吴却收到了小雪的主动道歉，两个人又和好如初了。

原来，小雪回到家后又仔细地回味了整件事情。她越想越后悔，觉得是自己太过冲动，太小鸡肚肠了，并且她反复思考了小吴的话，认为她是一个非常有原则，值得深交的朋友。因为，一个不轻易妥协的人，一定会将友情看得弥足珍贵，厉言相劝也只是因为珍视朋友！

小吴面对朋友的要求，坚持了自己的原则和底线，才赢得了朋友的尊重，收获了更加真挚的友谊。

小静是一个建筑公司的总经理助理，长得漂亮又文静。她由于刚来公司没多久，所以对一些事情不了解。为了让自己能尽快地成长起来，她总是最早一个来到公司，最晚一个离开公司，对别人也总是乐于伸出援助之手。

一次，公司总经理说让她晚上和自己一起陪客户吃饭。公司的老财务荣姐偷偷将她拉到一边说："你可小心咱们葛总了，他让你去吃饭，肯定会让你陪客户喝酒。那些客户总是喜欢对女孩子动手动脚的，公司好多女同事都吃过这个亏。"

小静听完荣姐的话，就到总经理办公室里，礼貌中带着坚定的语气对总经理说："葛总，今天晚上吃饭归吃饭，但我绝不喝酒。如果客户真的对我做得很过分的话，我就很难继续做这份工作了！"

老总见小静态度如此坚决，就笑着说："没那回事，你别多想。让你去就是给我拿着资料，到时候记得提醒我。"

果然，那次晚饭，葛总又另外叫了一位男同事陪酒，整个吃饭的过程大家也都对小静恭恭敬敬的。

听完小静的经历，大家都被小静的勇气所折服，纷纷竖起了大拇指。

正是由于小静在面对这种办公室潜规则时，开门见山，敢于直接拒绝，才既防止了自己受到伤害，又获得了同事们的尊敬。

面对拒绝，很多人的反应都是无法说出口。他害怕伤害到别人，害怕让朋友失望，损害友情，也害怕因为拒绝而断了自己的门路。因此，他情愿选择委屈自己，也要满足他人的要求。

可是，任何事情都有一个底线。当你的朋友请求你协助他做有悖于道德或法律的事情；当你的同事向你借钱，但你知道借给他根本就是"打水漂"；当你的老板对你表达暧昧；当一位员工提出要你给他额外加薪，而他做的事情本来就是他分内的事；当你的朋友总是打探你的隐私……当你面对这些触及自己底线的事情时，请坚决而直接地回答："对不起，我不能帮忙。""不好意思，我不愿提及这些！"

没有把握的事，委婉地说"不"

人们都害怕受到别人的拒绝，也害怕拒绝别人。拒绝别人，就意味着你不同意对方的观念或者要求，会让提出要求的那个人产生不舒服的感觉，让你们的关系因此而产生一瞬间的疏远。

但是，生活中与别人交往，难免会遇到别人请求自己帮忙，你恰巧对这件事情并不擅长，或者是上司要求你完成一些工作，但你对完成这件事情没有"必胜"的把握的情况，那么此时你应该如何回答他？是义无反顾地答应？还是坚决地拒绝？

林峰是一个建筑公司的职员，可能由于他入职简历里填写的专业特长是英语，所以他的部门经理就一直向外吹捧他的英语不错，是个英语高才生。

有一次，项目部的程经理星期五要跟一个外企的高层进行项目合作方面的谈判，基于这方面的交流肯定会有一些项目的专用术语，而自己英语水平一般。听说林峰的英语不错，又是公司内部人员，对一些术语肯定比较熟悉，程经理就来找林峰，想着让林峰当自己的翻译，一起与外企客户洽谈。

程经理说完这话后，林峰非常为难。虽然说他的英语水平不错，但是也仅限于日常的交流。如果是跟外商洽谈，自己不一定能够胜任。

但如果林峰直接拒绝的话，就会让程经理很没面子。于是林峰就委婉地跟程经理说："经理，我非常愿意配合您将这次的合约谈下来。但是星期五我一个特别要好的哥们儿子过满月，我已经事先答应去参加了。我不好对我的那位哥们言而无信，如果不是这样的话，我肯定跟您一起去！"

程经理听出了林峰话里拒绝的意思，虽然当时有一瞬间的失望，但也觉得情有可原，就马上表现出了充分的理解。最后他就向公司申请了聘请专业的翻译人员跟他一起出席谈判。

事后林峰了解到，那次谈判进行得非常激烈，即使是那位身经百战的专业翻译人员也有些力不从心，差点儿就令谈判泡汤。

林峰听后心里长舒了一口气道："幸亏自己当时委婉地拒绝了程经理的要求。否则搞砸了谈判，可不是卷铺盖卷走人就能解决的事情！"

正是林峰在自己能力不足的情况下，面对他人的请求时，正确估量自己，没有唐突地答应对方，而是运用委婉的语言进行拒绝，才既没有造成可怕的后果，又没有得罪程经理。

日常交际中能力不足，但又不懂委婉拒绝的例子非常常见。

比如当上司给你安排超负荷的工作时，由于你最近家庭出现了点小问题，已经疲于奔命，于是你就一根筋似地坚决说："我不会做这些工作的，我没时间干这个！"殊不知，你这样言辞激烈地拒绝，可能会直接葬送自己工作的机会。上司不了解你的真实情况，只是从你的拒绝中感受到了你的不服管束，不听公司安排。因此他可能就会直接回击你一句："公司安排的事情你都没时间干，那我还聘用你做什么？你直接回家得了！"

比如你跟一位同事关系很好，由于她需要办一件私事，因此临时让你帮她做一些自己的工作。可是你自己也有许多工作要做，根本就没时间帮她。于是就神经大条地跟她说："你自己的工作干嘛要让我给你做？不做！"也许那位跟你关系好的同事就会误解你：亏我把你当成好朋友，这点儿小事都不帮我！也许以后她就会慢慢地疏远你，甚至在心里对你产生怨恨。

其实，当老板让你做一些超出自己能力范围的事情时，你一定不要"打碎了牙往肚子里咽"，统统照单全收地满口答应；也不要想也不想地一口回绝，而是要找一些借口，委婉地拒绝这件事情。当你委婉地拒绝他时，如果理由充分，他一定可以理解你，不仅不会怪你，还会认为你这个人实事求是、诚恳、稳重，以后值得交付更重要的工作。

对待周围的亲戚朋友也是一样，本来这件事情你就处理不了，硬扛着只能让对方产生更大的损失。你婉转地告诉你的亲戚或者朋友，这次情况自己不了解，处理不了，但下次能帮得上的话一定帮忙。相信你这样做，就算这次不能帮到他们，他们也会很感激你。

所以，在自己能力范围之外或者不方便帮助别人的时候，一定要使用委婉拒绝他人的说话方式。只有懂得委婉地拒绝，才会获得更多朋友的认可和尊重。

善于用对方的"不足"来拒绝

向别人说"不"不容易，拒绝他人的话不好说出口，那完全是因为你没有充足的理由。如果在面对他人与自己利益相冲突的要求时，你能够有充足充分的理由来进行反驳，让自己的拒绝也变得"顺理成章"，那么拒绝他人就会变得非常简单，而利用对方的"缺陷"来进行拒绝就是一个非常好的方法。

什么叫对方的"缺陷"？即对方向你提出要求时，对方本身就存在的一些问题，或者是由于对方的原因而导致的无法攻克的困难。由于这种"缺陷"是真实存在，并且无法攻克的，因此你的拒绝就会看起来更加合理和充分。

小霞有一位朋友莉莉是做房地产销售的，在一次闲聊中小霞对朋友透露出自己想买房的意愿。

于是莉莉就一次次地给小霞打电话，让她买自己所在的房地产项目。

　　但是小霞从其他渠道了解到，这个项目的地址之前是一个煤矿塌陷区。现在项目的工程开发全部是属于回迁房，工期肯定会很慢，不知道什么时候才能交房。最关键的一点是小区临街，而且附近有很多工厂，每天会有很多大小货车从楼下的街道经过。可以想象，如果以后住进这个小区，不仅每天都会生活在车流声和喇叭声中，就是老人和小孩出去玩儿也会很担心。而莉莉想让小霞买的那栋楼正好就在街道旁边。

　　虽然那栋楼的市面标价比其他房地产公司的房源一平米便宜了好几百块钱，而且莉莉也多次打电话表示，基于朋友的关系，到时候会给小霞争取个内部员工的优惠价，到时候又可以省下一大笔钱。

　　但是，正由于这些不方便因素的存在，小霞和家里人决定不会考虑在那里买房。

　　一次，莉莉又兴冲冲地过来告诉小霞，现在买的话公司还会给业主一份大礼包，企图说服小霞。

　　小霞一边给莉莉倒水，一边微笑着说："莉莉呀，我知道咱俩是好朋友，你也是好心想让我买房省点钱。但是，你负责售卖的那栋楼正好临街，你看我家的孩子还小，也有老人和我们一起住，附近都是工厂，楼下总有大小货车经过，我们年轻人是没什么，可我们不能不考虑到孩子和老人的问题，他们不仅不能休息好而且出门也会增加很多危险，这一点我们真的很担心。你的心意我明白，但家人实在是不好接受！假如不是这些因素，不用你跑这么多趟，我一定会毫不犹豫地就买下，但现在是我真的不能买它。"

　　莉莉见小霞说得那么诚恳，而且附近都是工厂，街上很吵，对于那栋楼的售卖来说，确实是不可否认的缺点，要不然那栋楼也不会那么难卖。想到这里，莉莉从心里也就理解了小霞。

　　事后莉莉不仅没有生小霞的气，反而由于这次事件，让她认识到小霞也是个为人坦荡的好朋友，两人的关系更胜从前了！

　　正是由于小霞在面对朋友勉为其难的要求时，用周围环境不好这一缺点来拒绝莉莉，才能让莉莉在既定的事实前无法反驳，进而自我反思。小霞这一做法既保障了自己的利益，又没有得罪莉莉。

　　郑明是一家公司的销售副总监，有一次他的一个亲戚来找他拿点钱，想跟他一起合干生意。郑明其实心里不愿意跟他搭伙。不仅是因为合伙的生意不好做，更因为这个亲戚平时做事就不着调，投资生意更是眼光不行。他本人干了那么多次生意，没一次挣钱的，甚至最后把房子都抵押在了银行。

　　果然，听完那个亲戚的意见后，郑明觉得那个亲戚的店面选址就有问题，将来肯定赚不到钱。但是郑明又不想让那个亲戚说自己忘本，说自己有钱了就看不起他。

　　因此就问他："上次你开的栗子店挣到钱了吗？"

　　那个亲戚挠挠头说："没有，还赔了一大笔。上次那个是行业没有选好，是个意外。"

　　听了他的回答，郑明回复道："那么你看看你这次开店的计划和思路。在西环菜市街加盟一个星巴克咖啡馆。这不是和上次那个一模一样吗？一个高端的餐饮，你选择了让它坐落在一个低端消费的地段。这不是明摆着往里砸钱吗？上次那个赔钱的教训你还没有吸取吗？"

听了郑明的话，那个亲戚变得哑口无言，只能怪自己做事情欠考虑，怨不得别人拒绝。

其实，拒绝别人时，难免会让自己在心里产生一些内疚感。而利用对方无法越过的"鸿沟"和缺陷，让其进行自我否定，可以在说服对方的同时，减少自己内心的内疚感；让自己拒绝的理由既充分又有力。

因此，聪明的人总会利用别人的"缺陷"来拒绝对自己不利，或是违背自己意愿的要求。只有懂得让他人为自己的行为"买单"，才可以让拒绝变得简单又轻松。

巧妙运用"拖延法"

有时候你会发现：人越长大就越难拉下脸拒绝别人。因为人长大了之后懂的事情越来越多，但是心理抗压能力却反而越来越弱。因此，不管你如何巧舌如簧，只要是从你的口中表现出"不"的意思，对方马上就会觉得脸上挂不住，或者是心里对你产生不满。

但是你会发现这样一个现象：一个男孩想要追求一位漂亮的女孩，于是就给她打电话说想晚上请她看电影。女孩觉得男孩还不错，但是又不愿意跟他发展成男女朋友关系。直接拒绝的话，又怕伤到对方，失去这个好朋友，因此就回复说："今天没时间，改天吧。"第二次男孩又给她打电话，女孩又以同样的理由来推脱；第三次亦是如此……

这样多次之后，女孩虽然没有表达出拒绝男孩的意思，男孩却明白了女孩的答复是拒绝，从此绝口不再提做男女朋友的事情。

在女人拒绝男人这方面，拖一拖、缓一缓似乎是她们最常用的做法，并且屡试不爽。但是"拖"，不仅仅是女人拒绝男人的专利。

芳芳是一个刚毕业的大学生，毕业后她去参加了本市著名的服装设计公司的面试。在面试的时候，芳芳从容回答面试者的各种提问，表现得不卑不亢，自信满怀。一切都似乎是那么完美。

在面试快要结束的时候，一位打扮时髦，甚至有点夸张的面试官问道："你觉得时间不固定、自由度较大的工作，跟一切按部就班、朝九晚五的工作哪个更好？"

芳芳听后不假思索地回答："有规章制度，朝九晚五的工作比较好，毕竟工作和生活要互相分开才是最好的。"

听了芳芳的回答，那位面试官说："好吧，今天的面试就到这里，你回去等通知吧！"

四五天过去了，公司那边还是没有通知她去上班。等到第六天的时候，她忍不住给当初面试她的其中一位人资打电话询问了一下，得到的回复仍然是："我们正在商议中，请等电话通知。"

一个多星期过去了，莉莉仍然没有接到公司通知她上班的电话。她忍不住给自己的学姐打了个电话，将事情的始末告诉了她。

那位学姐听了莉莉的叙述，咯咯地笑道："傻妹妹，公司不好明确拒绝你，才一直拖的，想要你的话早就录用你了。你不要再等回复了，赶紧再找别的工作吧。"莉莉这才恍然大悟。

其实，工作中许多人在面对他人有悖于自己意愿的要求时，都喜欢用"拖"这一招来拒绝。

比如，你跟上司说最近工作量太大，想让老板给加点工资。上司如果认为你的要求不合理的话，一般会跟你说什么踏实好好干，你很有前途，加工资这件事还需要再讨论一下。结果讨论来讨论去，好几个月过去了，一直没有明确的回复。

比如，你的同事想让你替她做本来应该她自己做的PPT，但是你并不愿意帮她做。因为你一旦帮她做了第一次，她就会有第二次、第三次，甚至会把你的帮助当成理所当然。这时候一个会拒绝别人的人就会说："等我忙完自己的手头工作，再看看有没有时间替你做。"当你一直没有给出明确回复的时候，别人就明白了你拒绝的意思。

生活中，"拖一拖、缓一缓"也是很多聪明人惯用的拒绝"伎俩"。

　　大兵子正在从厂里往家赶的路上，突然接到一个很久没有联系的朋友来电，说是哥几个好久没在一起喝酒了，今晚大家有空，想约他喝酒。

　　大兵子从心里特别抵触喝酒这件事，并且由于工作上的事情，上午刚刚陪客户喝得烂醉，现在酒劲还没下去。但是大兵子也不想直接拒绝那个打电话的哥们，免得面子上过不去。因此他就跟那个朋友说："老哥请客我当然愿意去了，只是我现在手头上有个要紧的事情需要处理一下，等处理完了再跟你联系，看能不能去。"

　　过了半个小时，那位朋友又打电话过来问，大兵子回答说："不好意思，还没处理完……"

　　每次那位朋友过来催，他都像之前那样"打马虎眼"。几个回合下来，那位朋友也明白了大兵子的意思，也就不再强人所难地给大兵子打电话让他出来喝酒了。

　　运用拖延来拒绝他人，就是运用时间上的差距来逐渐降低对方的期望值，让对方对拒绝有一个消化、理解的过程。

　　但是，拖延并不是对已经做出的承诺作无限期的拖延，而是当别人向我们提出请求时，你感到这一请求超出了自己的能力范围，或者是违背了自己的意愿，此时你并没有对他做出明确的承诺，而是表示暂时考虑考虑、研究研究。这样聪明的对方马上就能了解你是不太愿意答应他的要求的。

　　运用拖延战术来拒绝对方后，即使过两天再打电话表示自己无能为力，也显示了你的努力，可以减少对他心理上的冲击，对方不至于会对你牢骚满腹。

　　因此，拒绝他人时，巧妙地运用"拖延法"，可以让你在人际关系的处理上穿梭自如。

"芝麻换西瓜"式拒绝

有时候，别人求你办事，也是做了很大的思想斗争才好不容易向你张口的，如果全都拒绝，可能会失去许多帮助别人而获得友谊的机会。因此，面对别人的请求，不要轻易全部拒绝。

《红楼梦》中的王熙凤是个"厉害"人物，说她厉害是因为她是个精明能干、八面玲珑的人。抛开她性格毒辣的一面，在现代社会中来说她就是一位洞悉人情世故的高手，她的许多处事方法都值得很多人研究。

有一回，刘姥姥来到大观园，由于家里揭不开锅了，便想靠着沾亲带故的关系，来借点银子度日。

王熙凤对于刘姥姥的来意其实是非常反感的，并不想借钱给她。但是她又怕失了自己大户人家的体面，怕别人说自己小气。因此，在府上好好款待了刘姥姥，并对她说："大户人家也有大户人家的难处，现在日子比不上以前的风光日子。"暗意是自己的日子也不好过。

但在刘姥姥一再说"瘦死的骆驼比马大"时，她还是将二十两银子拿给了她。其实这二十两银子对她来说不过是九牛一毛。她既没有完全强硬地拒绝帮助刘姥姥，又没有让自己损失很多。后来，贾府落败，她的独女巧姐将要被卖到青楼的时候，刘姥姥散尽家财也要救巧姐。王熙凤正是用当时自己一颗蜜枣的善心，换来了刘姥姥对其天大的感恩。

这个故事说明了一个道理：拒绝别人，不要进行全面否决，能做到一部分就答应一部分，给别人一个"丢芝麻换西瓜"的替代方案，往往可以让对方对你非常感激，并且收获他人的友谊。

　　张杰在亲戚们之中是一个很会说话的人。说他会说话，是因为即使他拒绝了别人，也能落个好人缘。

　　有一次，他姨家的儿子结婚，亲戚朋友们都是能出钱的出钱，能出力的出力，纷纷去婚礼现场帮忙。

　　婚礼开始的前两天，他的姨夫就给他打电话说："小杰，你表弟快要结婚了，这两天家里忙得不行。婚礼当天你能回来去新娘子家接亲吧？"

　　张杰听后知道对方肯定不愿意听到否定的回复，但是自己出差在外，实在没办法回去。

　　于是他回答道："姨夫呀，不是我不愿意回去，实在是公司这两天要开会，我请不来假。不过你放心，虽然我人不能回去，也一定会尽自己最大的努力为家里出一份力。你们接新娘子的娘家人肯定需要用车，我给我家里的朋友打电话，让他们给你们提供新车。"

　　那个亲戚听了张杰的回答，顿时由失望转为欣喜地说："好，好，我正愁接亲车不够呢！"

你看，虽然张杰拒绝了自己那位亲戚让他回来参加婚礼的邀请，但是却给出了另一种解决方案，既间接地拒绝了完全按照对方的方式做事，又没有惹怒对方。

毛毛跟苗苗是非常要好的大学同学，两个人毕业以后分别做了不同的工作。毛毛是一个报社的自由撰稿人，而苗苗则是一家公司的办公室文员。

虽然毛毛的工作时间比较自由，但那也是相对意义上的，因为交稿是有时间规定的。而苗苗就不同了，她的工作就是朝九晚五，下班后就是自己的私人时间，想怎么安排就怎么安排。

有一次，苗苗跟毛毛打电话说让她跟自己周六一起出去逛街吃饭。原来是苗苗新交了个男朋友，想让毛毛给自己把把关，看看男孩子怎么样。

但是，毛毛的截稿日期就是周六，那天她必须加班加点地把文章赶出来。

因此毛毛就回复苗苗："真的不好意思，周六是我最关键的一天，我必须把稿子写完，不然会违约的。要不咱们周日去行不行？总之，除了这周六，在接下来的一个星期，我随时都能陪你们出去玩。"

听了毛毛的解释，苗苗虽然感觉有点儿遗憾，但是也对她表现出了极大的理解："没关系，你写文章要紧，逛街我们可以改天再约，毕竟我男朋友又不是一两天就跑啦。"

说完，两个人都在电话里咯咯地笑了起来。

其实，拒绝他人，又想减少对方内心的失落感，最好的解决方式就是在拒绝的同时给出另一个替代方案。比如："我没有时间出席志愿者活动，捐助行吗？""很遗憾无法出席你的婚礼，但是我可以让我的太太过去参加。""快递公司十一假期，员工不可能都休息，但是我们可以进行调休。"等等。

当你用另一个解决方案去回应对方的要求，用一个较小的回报替代对方过高的需求。虽然对方心里会有一些遗憾，但也会对你表现出理解、感谢之情，毕竟从这件事情也可以看出你是个愿意尽自己最大努力去帮助朋友的人。

09

第九章

如何表达，才有说服力

谦卑地说话，人人都爱听

每个人无论在生活还是工作中，都难免会遇到难处。即使你拥有上亿财产，也未必能买到你真正想要或者需要的东西。中国人都很重感情，你帮了别人，别人就会记在心上，当你有困难时，自然会伸出援手。互帮互助，你的人生道路才会更宽广，而且"雪中送炭"的友情往往比任何时候的情谊都更加难能可贵。

但是，有许多人争强好胜，又非常好面子，在向别人寻求帮助时，一听到对方的话语有一点儿不合自己心意，就马上"火冒三丈"，又怎么能够获得别人的帮助呢？

王强跟马顺是从小玩到大的朋友。王强为人善良，又聪慧机敏，但就是有点儿嘴不饶人。马顺五大三粗，为人仗义，但是性子比较暴躁。

在马顺结婚典礼上，王强因为一件小事惹恼了马顺，马顺就借着酒劲发誓说以后跟王强断绝来往。

　　然而，在接下来的几年里，王强由于聪慧机敏的头脑，在小商品批发上越做越大，身价过百万；而马顺由于做事情总是一根筋，不懂得变通，因此只能靠给别人出些苦力挣钱，日子过得很是清贫。并且祸不单行，马顺的母亲由于上了年纪，前两天又不幸得了脑梗塞，急需一大笔钱做医药费。经不住自己老婆的唠叨，马顺决定去找自己儿时的玩伴王强借点钱，救救急。

　　马顺来到王强的办公室，一见面就大大咧咧地嚷道："强哥现在真是发达了，也让我来沾沾你的'仙气'。"

　　王强一见到马顺就想起了当年他羞辱自己，并且不顾兄弟情谊所说的狠话，就想难为难为他，顺便让他知道他的处事方法是错误的。因此王强就故意高声回应道："我哪能比得上咱马顺老弟为人仗义，我就是个爱投机取巧的'俗物'。"

　　马顺见王强这样说，就知道他是想报自己当年说他是个"奸商"的仇，更为当年自己已经说出那句"老死不相往来"，现在却又跑来找他的行为而懊恼。

　　因此就恼羞成怒地说："别以为你混得好了，我就要舔着脸巴结你。你有什么了不起的，不就是有几个臭钱吗？我不稀罕！"

　　说完愤愤地离去，留下一脸茫然的王强杵在原地。

　　过了几天，马顺陪媳妇去菜市场买菜，路上碰到了王强的媳妇。王强媳妇对马顺说："大顺兄弟，不是我说你，那天来借钱你就不该跟老王急。虽然他这几年混得不错，可他也是无时无刻不记挂着你。听说你妈妈生病了，他心里也是非常着急，但就是跟你抹不开面。你打小跟他一起长大，还不知道他好面子。你也是，求他办事还装什么大英雄，主动给他个台阶下，不仅能借到钱，你们俩的关系也会跟以前一样亲密！这下可好，你们俩人又结下梁子了……"

听了王强媳妇的话，马顺媳妇也是跟着一起数落马顺，马顺此时心里也是后悔极了。

一些人在求人办事的时候，总是很自卑，爱多想，也许别人只是一句简单的话语，也能被他曲解成对自己人格的侮辱，因此就会因控制不住自己的情绪而发怒。

求人办事，最忌讳的就是为了面子而发怒。发怒非但不能解决自己的问题，还会得罪能够帮助你的人。

俗话说："人在屋檐下，不得不低头。"你在求人办事时还拉不下脸皮，放不下架子，是很难如愿的。当你求人帮助，遭到对方的刁难时，不妨先按捺住自己高傲的火气，以谦卑的态度诉说自己的困境。只有用热忱的态度表明自己真的非常需要对方的帮助，如果能够得到他的帮助，自己将会非常感激，这样才有可能让自己的问题得以解决。

罗亮是一个刚从大学毕业的大学生。由于经济不景气，找了几份工作都不满意后，罗亮决定自主创业。

但是创业的资金要从哪里来呢？罗亮想到了私人贷款。因此罗亮找到了一家利息跟信誉都比较好的信贷公司，跟那里主管放贷的经理打电话约见，人家不跟自己见面就跑到那里的营业大厅跟前厅的小姑娘聊天，说好话。最后，小姑娘把经理周末要去石家庄游玩的计划告诉了罗亮。罗亮于是就马不停蹄地订票，并进到了和那位经理相同的旅游团里面。

在游玩的时候，罗亮时不时地对其嘘寒问暖，并且经理长经理短地向那位放贷经理说尽好话。最终那位经理被罗亮谦卑的态度和锲而不舍的精神所感动，没有让他进行任何抵押，就拨给了他一笔10万元的款项。

靠着这笔钱，罗亮顺利开起了一家餐饮店，挣到了人生的第一桶金。

因此，如果你想要得到别人的帮助，一定要试着将自己的态度放到最低，谦卑但不自卑的语言是你寻求别人帮助的第一讲话原则。只有用这种独特的语言魅力才能让别人对你伸出援助之手，从而迈出你成功的第一步。

信心就是说服力

很多时候你寻求别人的帮助不成功，不是因为你态度不够诚恳，也不是因为别人不愿意帮助你，而是因为你没有让对方详细了解自己的规划。

在现代社会，即使是亲人、朋友之间面对他人的请求时也会考虑一下自己的得失。如果在求人办事时，你只是一味地说找别人借钱，或者是一味地让别人帮助你，根本不会有任何说服力。

因为在你请求别人的后续计划中，没有清楚地向对方阐述自己在得到他的帮助后是如何给他带来更大的利益，或者至少不会让他产生损失。所以，对方对于帮助你这件事情就觉得自己没有参与进来，对你的未来预测就会有太多的不确定性，当然这些不确定就会转化成对你的担忧。他担心跟你合作钱款会"有去无回"；又或者会担心帮助了你不仅对自己的升职没有好处，还会让自己受到更大的排挤，因此选择拒绝帮助你。

而一个懂得说服技巧的人总是愿意在寻求帮助时，将自己的规划讲与别人听，让别人吃下一颗"定心丸"，才能更好地说服别人。

楚伟家以及他的亲戚，几代人都是大山里老实巴交的农民。到了楚伟这一代，他好不容易考上了大学，家里人本想着楚伟能"鱼跃龙门"，到外面的大世界去闯荡。

没想到楚伟毕业后竟想要说服大家筹集一笔钱，在大山里面搞什么生态旅游、野味开发的项目。这在他们家，甚至是他们村里都炸开了锅。

面对大家的疑惑，楚伟娓娓道来："我也曾想过找个能坐在办公室里的工作，安安静静地做个小职员，一个月拿个几千块钱，挺悠闲。可是，我们村里有这么好的资源，不开发就浪费了。大山养育了我，我不能只顾着自己享福，却不想着乡亲们啊！"

"可是你搞旅游，搞野味就行了吗？就咱这穷乡僻壤的，谁来呀！"人群中有一个人喊道。

"虽然我不能保证让大家挣到多少钱，但是我敢保证绝对比你们整天在那儿面朝黄土背朝天要强。就拿紧邻咱们村西头的那个大瀑布来说，我们可以搞一个水上漂流的项目，在咱们县城的各个要道打上广告牌，吸引一些城里人夏天来我们这里避暑、游玩，然后我们向他们收一些费用。

"再比如咱们村北面紧靠着大山，我们可以在山上种一些野山菇、山菌之类的野味，并把这些产品放到类似于淘宝、阿里巴巴等一些门户网站上进行售卖。当然在售卖的同时我们也可以让大批的外来人员来到我们这里参观，同时又可以提高我们这里旅游业的知名度。

"我已经悄悄地留意过，现在大部分的城里人都比较注重养生。我说的这些项目在一些比较发达的城市已经比较火爆了，而我们也会慢慢地朝那个方向发展起来的。"

虽然大家文凭都不高，楚伟说的许多知识他们也都不了解。但是听楚伟规划得如此详尽，并在他们这里都具有可实施性，大家都觉得很有道理，心中的疑惑顿时烟消云散。大家纷纷举手赞成了楚伟的意见，共同出资将这个项目开发了出来。

在面对大家的质疑和不解时，楚伟正是用自己详尽的规划，才打消了大家的疑虑，让大家从他这里看到了希望，最终说服大家共同投资这个项目。

小莲想从自己的朋友小凡那里借点钱搞服装批发。小莲到小凡那里详细地将自己如何寻找到了供应服装的厂家，厂家如何组织发货，自己准备如何装修店面，如何制订销售计划，从哪种渠道开发新客户，甚至如何选择店员，工资给多少等等，这些都一五一十地告诉了小凡。

听完小莲的叙述，小凡微笑着说："看你把自己的事业规划得这么完美，肯定不会有什么差错的。就算是出了什么差错，没挣到钱，就凭你能将这些计划统统都告诉我，也是对我的一种尊重和信任。你信任我，那么我肯定也相信你。你等着，我这就给你取钱去！"

有时候说服他人真的很简单。你只需要让他看到你的努力，看到你是如何规划自己的道路的就行了。

人们都喜欢努力的人，努力的人运气肯定不会太差。所以，人们也总是喜欢去帮助那些努力着、对自己所求的事情有着完善规划的人。因为这些人不仅可以给自己带来好运气，而且可以让自己对生活充满激情。

因此，想要让自己的所求离成功更进一步，想要帮助你的朋友越来越多的话，一定要记得在说服他的时候让他详细了解自己接下来的规划，让他放心，他才愿意去帮助你。

适当"让利"，使谈判更具诱惑力

在日常交流、交往中，有许多事情都需要我们去寻求别人的帮助，当今社会不求人办事是不可能的。比如你是一个希望找到一份合适工作的待业青年，或者你家里有急事，需要用一大笔钱……很多情况都会促使我们寻求帮助。

求人帮忙，就像做生意一样，懂得"让利"，你们的关系才会更牢固，更长久。

"让利"就是在寻求对方帮助的时候做出一些交换，或者是有利于他的允诺，这种允诺既可以是金钱方面的也可以是事业上的。

黄坚是一家电子商务的电器类商品部门的分销经理，胡军则是后勤部主管维修的经理。

有一次，黄坚挖掘到了一位潜在的客户。这位客户在公司其他人看来，表面上毫无利益可言。因为他对于产品的售后服务要求特别地高，这些服务无形中增加了公司的成本。但是黄坚的经验告诉自己，这将是一个大单子，只要踢好了"敲门砖"，接下来的合作会既轻松又简单。但目前来看，按照客户能接受的价格，自己的理由如果不充分的话，上报到公司高层主管那里，肯定不会被通过。

因此，黄坚就想到了维修部的胡经理，想让他跟着自己去客户那里走一趟，实际考察一下客户的情况，看看实际的售后服务成本会不会比想象中的少一点儿，顺便说服主管们同意，顺利拿下这个单子。

黄坚来到胡军的办公室，看到他正忙得焦头烂额，安排手下的员工处理来自各个区域的维修电话。

于是他就安静地待在办公室的沙发上，耐心地等着。不知不觉，快到了下班的时间，黄坚一抬头，看到胡经理似乎已经处理完了手上的工作，正准备回家。

"胡经理，请留步，我有事情需要你的帮忙！"黄坚大步向前，走到胡军的面前。

等到黄坚将自己的来意表明后，胡军为难地说："黄老弟，不是我不帮你。公司里有这么多的销售经理，如果人人遇到这样的事情都来找我，那我还不得要忙死。而且今天已经是星期五了，周末我还有点儿事，真的抽不出时间来陪你去呀！"

"别介呀，胡经理，去考察一下的话，顶多只会耽误你半天的个人时间。这样，胡经理，如果这次你能帮我分析搞定这个客户，首笔订单的提成我分你一半！"黄坚见胡军有意推脱，急忙做出这样的允诺。

听了黄坚的话，胡军的态度瞬间缓和了下来，笑着说："黄经理，咱们部门之间应该互帮互助，说钱不就见外了吗？你说吧，让我怎么帮你！"

就这样，胡军利用周六的时间跟黄坚一起去客户那里考察了一番，回到公司以后积极在主管面前分析利弊，帮助黄坚顺利地拿下了这笔大单子。

黄坚正是在寻求胡军帮助的时候，懂得跟他"分一杯羹"，才能顺利地说服胡军帮助自己。

徐洪是一个为人吝啬的商人，有一次他想找自己的好朋友大牛借钱开一个家具店。

一进门他就说："大哥，兄弟急需5万块钱，我知道咱俩是从小玩到大的好哥们，你一定得帮帮我！"

大牛听出了徐洪的意思，故意话里有话地说道："徐老弟，你也知道这几年我日子过得紧巴巴地，我还想找你借点钱干点小买卖呢！"

一听大牛说这话，徐洪接着说："现在生意不好做呀，你把这钱借给我，我最多三个月就还给你！"

大牛听了徐洪的回答直接来一句："没有，一分钱也没有！"

就这样，徐洪碰了一鼻子灰走了。

徐洪走后，大牛的老婆问大牛："家里不是有5万块钱在那儿放着呢吗？你还说这钱放着也是放着，何不借给徐洪？"

"借给他，我凭什么借给他？这几年谁不知道他徐洪混得不错，就连这次我也知道他是拿钱想做什么生意！我明里暗里几次都表示过想跟他合伙做生意，哪怕是不合伙，给我点利息也行啊。可是你看他像有这个意思吗？凭什么就得他吃肉我看着，甚至是连汤没有我的份！我看他这回还能不能开起来这个家具店！"

正是由于徐洪总是"吃独食"，不懂得给帮助自己的人一些甜头，才会从大牛那里借不来钱。

俗话说"无利不起早"，虽然达不到"人为财死，鸟为食亡"的程度，但是别人也不愿意做毫无"利益"的冤大头。

聪明人一般会这样做，比如让别人帮助自己找工作，可以巧立名目，说让他梳理关系，提出给对方一些费用；再比如，让一个化妆品店老板介绍一些客户给你，你可以提出把她的一部分化妆品放到自己的美容器材店里面，也给对方打打广告。

因此，在说服别人帮助自己时，仅仅靠个人魅力或者是打感情牌往往会收效甚微。只有懂得给对方一些利益，开出一些很有诱惑力的条件进行交换，才能够获得别人的帮助！

会说话，就是让对方听着舒服

人都是有自尊的，越是有能力的人自尊心越强，越好面子，他希望得到更多人的认可和赞同，他会非常在意由自己的一贯形象而带来的一切社会效应，并加以维护。因此，在寻求别人的帮助时，如果能巧妙地利用对方"好面子"的这个特点，就能为自己在说服别人的路上铺桥搭路！

李宁是一位轮胎厂的实习业务员。无意中他得到了当地一位汽车生产厂家总经理的名片。经过多方打听他发现，这个汽车生产厂家规模不大，但是轮胎需求量却非常大，因为他们家在下线还有二批经销商。因此他非常希望能得到来自这家汽车厂家的订单。

但是李宁只是一个入职不到三个月的实习业务员，如何有能力去说服这个总经理呢！因此，李宁想到，只有他们部门的销售冠军史翔，才有把握说服自己的这个难搞的客户。但是，史翔这个人为人非常傲慢，从不轻易帮助别人，即使是经理要求他做什么事情，也要看他的脸色。

中午天气非常热，大家都不着急着出去跑客户，一个个都在办公室里喝水，聊天。

"唉，昨天遇到了一位有史以来最难缠的客户！"李宁唉声叹气地向大家说。

"怎么了？你最近业绩不错，什么样的客户能把你难成这样！"大家都关切地问。

"我是说真的，这位客户思想非常顽固，态度强硬。我敢说咱们公司没有人能说服得了他！"李宁继续添油加醋。

"小李，说大话可不能不考虑后果呀！咱们公司可是卧虎藏龙，人才辈出，我就不信没人能制服得了他！"公司里业绩一直名列前茅的孙伟说。

李宁明白孙伟的意思，但是他打定主意要公司的销售冠军史翔帮助自己，因此故意说："孙哥，别说你了，就连咱们公司的销售冠军，我敢说都没把握把那人搞定！并且那个客户还放出话来，说咱们公司没有有能力的人！"

听了李宁的话大家纷纷把目光转到了一直没有说话的史翔身上，气氛有那么一分钟的尴尬。只听史翔缓缓说道："谁说咱们公司没有有能力的人了，这话是那个客户亲口说的？"

李宁见终于打开了史翔的话匣子，故作镇定地说："当然是他说的，是他把我撵出来的时候对他身边的员工说的！"

见李宁这样说，史翔再也按捺不住心里那团高傲的火焰："这个周末我不休息了，陪你走一趟，我就不信说服不了他，看他还敢张狂！"

　　在史翔的帮助下，李宁顺利说服了那位客户，签下了那笔订单。

正是由于李宁善于利用史翔争强好胜、好面子这个特点，言谈话语间含沙射影，才能顺利地说服他帮助自己。

　　王乐是一位总经理助理，人长得斯斯文文的，却非常能干。有一次他陪总经理跟一个大客户吃饭。经理好话说尽，该做的承诺也都做了，但是那位客户就是吹毛求疵，不肯在合同书上签字。

　　没有办法，总经理就只能用一些轻松的话题把他的注意力拉到吃饭上面，避免冷场。

　　席间那位客户赵总说起了"炸弹"这个啤酒。他说："这个酒是一种德国生产的啤酒，酒性比咱们的白酒还要烈，就连我这个号称'喝遍天下无敌手'的人也最多喝一杯就倒了。我敢说，在座的各位没有一个能喝完一瓶的！"

　　听了赵总的话，王乐自告奋勇地站起来说："赵总，如果我能喝一瓶的话，您有什么奖励！"

　　赵总见王乐从吃饭到现在一直滴酒未沾，即使是能喝酒，看他那文弱的样子，酒量肯定也好不到哪里去。

　　因此就信誓旦旦地说："如果你能喝了这瓶酒，并且喝不醉的话，我立刻跟你们公司签约。在座的各位都能给我作证！"

听了赵总的话，王乐拿起酒瓶子一饮而尽，整个过程用了不到二十秒，而且喝完了还能跟大家开玩笑。

原来，王乐在来现在的公司做助理之前，一直在德国的啤酒公司做销售。这个酒正好是当时的厂家生产的，自己早就喝过不知道多少回了，对它已经产生了"免疫"。

赵总见王乐真的做到了这些，震惊之余，只好乖乖地兑现了诺言，与他们公司签订了合同。

正是由于王乐在自己有充分把握能胜任的情况下，懂得利用客户"好面子"的心理，才能够顺利地与他们签订合同。

其实，在我们的日常生活中，好面子的人比比皆是。在中国社会，如果是遇到"下不来台"的场合，人们情愿损失一部分利益，也要维护自己的面子。

因此，如果你在说服别人时遇到了瓶颈，不防试试这一招"逼上梁山"，也许可以起到决定性的作用！

这些时候，你什么也不要说

求人办事的过程，就是说话的过程。能说，会说非常重要，而且懂得察言观色，善于抓住开口的时机也非常重要！

尹杰看上了一套房子，但是自己手里的钱不够，就想着从自己的同学兼好朋友郭伟那里借两万块钱。因为最近郭伟生意上接了一笔大单子，挣了不少的钱。

尹杰来到郭伟的公司，见他笑意盈盈地跟自己的下属分配任务，看来今天心情不错。于是就在他办公室外的沙发上安静地等他处理完事情。

过了一会儿，尹杰看郭伟处理完了事情，在那儿哼着小曲，悠闲地喝起了咖啡，于是就敲门走了进去。一见面，尹杰就客气地说："郭哥，看你春风满面的样子，最近生意不错啊。"

郭伟听到尹杰这样说，谦虚地回答："哎呀，小杰，你就别埋汰我了，也就挣了点儿小钱。"

"小钱，可不是吧。我听说由于最近物价上涨，你原来从工厂里低价拉的十万件水一下子就成了抢手货。按市场的需求来说，你这一件水只是差价就挣了四块多，还不算上工厂里对你的奖励。这样算来，你这次最少挣了四十多万，真是比我们这些上班挣死工资的强多了，大家都说你是咱们班里最有出息的人了！"尹杰越说越兴奋，脸上的赞美和佩服之情溢于言表。

听了尹杰的赞美，郭伟脸上更是洋溢着喜悦："大家真是过奖了。不过说起挣钱，我还真有自己的一套理论。当初你们大家毕业后都纷纷选择上班，只有我一个人选择了经商。当初还有许多同学为我放弃一个月四千块钱工资的决定而惋惜。你看现在物价上涨得这么快，瞧瞧那些拿死工资的，哪个日子过得不是紧巴巴的。"

"是呀，你就比如我吧，一个月七千块钱，听起来不少。可是除了吃花，每个月剩不了几个钱。你看现在房价都涨到了七千多了，我一个月不吃不花，才够买那一平的房子。"尹杰一边赞同似的点头，一边大倒苦水。

"嗯，现在房价是挺贵的，不过据我的可靠消息说，往后房价还会再涨的。咱们市区的房价过万，是最终的一个发展趋势。你不是也没有房子吗？攒了这么多年的钱，别放着了，越等越贵。"郭伟替尹杰分析道。

听了郭伟的话，尹杰顺势说道："郭哥跟我想到一块去了，你也支持我赶紧买房子吗？"

"支持，必须支持！"郭伟信誓旦旦地说。

"说实在的郭哥，我前两天还真的看上了一套房子，位置什么的都挺喜欢。但是价格比我预估的高，我自己准备的钱还差了两万。今天来就是想看看你能不能先借给我两万块钱，我过四五个月就能还给你！"尹杰见时机已经成熟，就将自己来借钱的请求说了出来。

郭伟本来心情就不错，听了尹杰的话一拍胸脯回答道："老同学，包在我身上！不就两万块钱吗，即使你现在要借十万我也能拿得出手。等一下我就让会计把钱拿给你！还钱的事你也不用着急，什么时候有什么时候还！"

你看，尹杰正是抓住郭伟心情好这个时机，才能够成功从他那里借到钱。

一个情商高的人，或者是会说话的人总是善于利用各种机会来说服别人。求人办事，一定要选择好开口的时机！当你遇到以下几种情形时，千万不要急于向别人说出自己的要求。

首先，当他正处于麻烦的事情中。

这个很容易理解，当对方正为自己的麻烦事情而烦恼，或者为某一件事忙得不可开交、分身乏术的时候，你去求他办事。即使是他能为你办，他也不会答应你的，没准儿还会觉得你"没眼力劲儿"，白交了你这个朋友，使你得不偿失。

其次，当他心情不好的时候。

每个人都会由于这样、那样的事情而心情不好。当一个人心情不好的时候，只想自己安静地待一会儿，或者是想找个人发一顿脾气。当人家心情不好的时候，你就不要再拿自己的那点儿事情去烦他，往枪口上撞了。

再次，当他劳累的时候。

人在劳累的时候最想做的事情就是休息，或者是让自己放松一下。你在这个时候去打扰对方，会显得非常不礼貌。对方跟你谈几句话可能就没有耐心了，兴许还没等你把自己的难处或者诉求说出来，人家已经对你下达了"逐客令"。

最后，当他完全没有想跟你说话的意思时。

对方不想跟你说话有两方面的原因。一方面是他自己心情不好，太累了，想休息休息。此时你应该注意察言观色，不要在这种时候去打扰对方，应该寻找合适的机会再次向对方表明自己的来意。另一方面可能是由于人家听了你的诉求后，本来就不愿意帮助你，不愿再听你说下去。此时，你还多说什么呢！

所以，求人也要掌握一定的"势"，当形势不利于自己的时候，要懂得乖乖闭嘴。当形势有利于自己的时候一定要懂得抓住时机，当机立断！

常怀感恩心，就是会说话

求别人办事，对方办得好还行；办得不好的话，有些人就会满腹牢骚，甚至是言语极尽讽刺和挖苦。其实，求别人帮忙那是你自己的需求，人家帮助你完全就是出于朋友的一个心意。你不能把自己的愿望和需求完全强加在别人的身上，这不仅显得你这个人非常没素质，还不利于你未来的人际交往。

蔡兵跟解雨是两个关系不错的同事，两人经常在一起吃饭、聊天。蔡兵这个人喜欢交朋友，胸怀宽广，但是老爱在别人面前吹嘘自己的一个朋友开一个教育培训机构很成功，在省内有多家分公司，并且发展势头很强。

谢雨的一个表妹刚刚大学毕业，她希望毕业后在自己所在的家乡做一名教师。其实自己表妹的成绩也不错，但因为一直没有针对性地学习过那些教育学、心理学之类的知识，所以以前也考过一次，没考上。家里的父母找到了谢雨，谢雨第一反应就是找蔡兵帮忙。

听谢雨讲完事情的始末和来意后，蔡兵信誓旦旦地说："别担心，这件事情包在我身上！"

但是过了一个月，蔡兵垂头丧气地找到谢雨说："真的不好意思，我那个朋友的机构招聘现在变得严格起来了，这次的应聘对象必须是专业对口！我托了好多关系，费了好大的劲，还是没办成！"

谢雨听完蔡兵的话带着质疑的口气问道："你不是说这机构是你朋友开的吗？怎么能办不成呢，是不是你没有跟你那位朋友好好说？又或者是你根本就没有这样的朋友！"

本来蔡兵还在为自己没有替朋友办成事而内疚，但一听谢雨这么说，顿时火冒三丈道："我费那么大劲去疏通关系，虽然没办成，你也不至于这样说我吧。就算是我没有办成又怎么着！"

两个人越吵越凶，最后是被大家拉着才各自回到了办公室里，场面非常尴尬。经过了这件事情，两个人对彼此充满了意见，由原来的好朋友变成了互相仇视的敌人。

正是由于在面对蔡兵没有将自己的所求办好时，谢雨说话不当，两人才会产生矛盾。其实不管蔡兵有没有尽力为自己办事情，谢雨都不应该情绪激动，做出有损于彼此友谊的事情。

在面对朋友没有为自己办成事情时，一味地埋怨、抱怨只能让事情变得更加复杂。不仅对解决真正的问题没有任何作用，还会让对方觉得你是在有意为难他，觉得你没有度量，损害彼此已经建立起来的友谊，可谓百害而无一利！

因此，聪明的人总是具有容人的雅量，即使是对方没有为自己办好事情，也能够充分表达自己的感激之情。

马刚跟苏建在同一个部门工作，但负责的工作内容不同。马刚有点不善表达，因此虽然他俩在同一个办公室，但对于彼此却并不太熟悉。

有一次，马刚想要苏建帮自己做一下公司的广宣品设计手册，毕竟自己不擅长这个，而苏建正好可以做这方面的工作。

听了马刚的请求，为人豪爽的苏建满口答应了。

第二天上午，还没等马刚去找苏建拿东西，苏建就过来找到马刚，并告诉他，这个工作自己做不了。因为苏建发现，马刚给他的这个版本自己之前没有使用过，不知该如何使用，并且现在公司的要求比之前严格了好多，自己不一定能做好。

"我已经捣鼓了一上午，还是没有发现窍门，只简单地做了一个大纲。真的非常抱歉，耽误你的事情，你要不去找找别的高手！"苏建满怀歉意地说。

马刚本来还有一丝遗憾，但听到苏建如此诚恳地道歉，就拍拍他的肩膀说："虽然最后的结果不是很好，但我还是要跟你说声感谢。毕竟你也是花费了自己不少时间来处理我的事情。你已经尽力了，以后如果有用得着我的地方，也请尽管开口！"

苏建听了马刚的话，顿时觉得心里有一股暖流流过，也由衷地佩服马刚的度量。

经过此事之后，苏建认为马刚是一位值得深交的朋友，于是就时时关注着他的需要，当马刚遇到困难时，他总是第一个伸出援助之手。慢慢地，两人互相敞开心扉，变成了无话不谈的好哥们。

马刚正是由于在苏建没有将自己的所求办好的情况下，体现出了一个君子的风度，不仅没有怪对方，还能够表达自己的感激之情，才能意外收获这样一位好朋友。

其实，生活、工作中，只要别人在尽心为你提供帮助，无论最后事情有没有办成，你都应该对别人心存感激并表达感谢。因为无论如何对方都为你的事耗费了时间和精力，最后没有办成也不是他想看到的。这时你如果还埋怨和斥责对方，可以说很伤人心；而如果你能理解他，并对他表示感谢，他就会觉得你很善解人意和宽容，以后你再有困难也会竭尽全力来帮助你。

所以，当你求别人帮忙，即使事情没有做成，也要表达你的感激之情，让自己即使是求人办事也有一个完美的收场，这样能够让你获取更长远的利益。

10

第十章

这样说，就能化解困境

"失败"时的说话艺术

有时候你会发现这样一个现象：有些人能力很强，但只是因为在偶尔一两次没有完成上司交代的任务时，不会说话，或者只会说让人别扭的话，结果总是让自己难以游刃有余地对待工作；相反，有些人能力一般，就是会说话，结果工作顺顺利利，甚至得到上司的重用。这种强烈的对比，在日常的交际交往中有着无数的事实可以体现。

小董和小马在同一个公司上班，有一次，老板让他们两个去做一个龙虎销售PK的宣传写真KT板，来迎接经销商的到来，目的就是要让经销商看看公司近几年蒸蒸日上的气势。

结果，广告公司把做好的样品拿过来确认的时候，老板看后非常地生气。首先是标题不够有特色，再一个就是业务员的名字制作得太小，销售业绩也不够突出。最重要的一点是：可能广告公司图省事，没有将小董发给他们的人员照片调颜色。结果每个人上榜的照片都比较黑，照片的背景色也不统一，有一部分放上去的照片甚至还有些变形。

　　"你俩就打算让我们的业务员以这样的面貌去见全国的经销商吗？你看看这照片一个个弄得跟鬼一样！"老板厉声地指责他们俩。

　　面对老板的指责，小董心直口快地说："这件事情不能怨我，本来照片跟内容就是小马联系销售人员收集的。我只负责联系广告公司，出了错也是怨小马！"

　　听了小董的话，小马先是一惊，而后徐徐回应道："照片是我提供的不错，但是广告公司让你定稿的时候你为什么没有将文件传送给我看一下？那时候如果修改的话，就不会出现现在这种情况了。现在关键的问题不是追究谁对谁错，而是接下来该如何解决这个问题，毕竟订货会马上就要开了。我建议让所有的业务员去照相馆里重新拍一些高像素的照片，然后联系广告公司以最快的速度重新制作一个出来，哪怕是加钱也无所谓！"

　　听了小马的话，老板拍拍他的肩膀欣慰地说道："如果公司里所有的人都能像你一样不为自己的错误找借口，推脱责任，处处为公司着想的话，我会轻松很多！这样，就按你说的去做，由你全权负责这件事情，有什么困难直接给我打电话！"

　　小董听了老板的话，为刚才自己说出的推卸责任的话羞愧得无地自容。

　　你看，同样是在没有办好老板交代的事情的情况下，正是由于两个人说话的方式不同，才会产生天差地别的结果。小董不先为自己的过失积极寻找解决办法，反而在那儿推卸责任，巧言辩解，才会引起老板的不快；而小马懂得审时度势，既主动承担了属于自己的责任，又为老板解决了问题，所以才能受到老板的看重。

　　小李工作踏实、肯干，跟他的上司刁经理的关系处得也不错。有一次，刁经理做了一个方案，结果致使原来只需两个人就能完成的工作，最后靠五个人来做，严重影响了事情进展的速度。大老板来视察的时候，对这样的效果非常不满意，并严厉地批评了他们团队的工作效率低。面对这样一个难堪的场面，小李没有跟任何人打招呼，就直接冲到大老板面前去承认了他们团队工作上的失误，并且提出了一个更好的解决方案，获得了大老板的赞赏。

　　本来他还以为能受到自己部门刁经理的夸奖，没想到刁经理只是淡淡地说了一句："你很聪明！"并且经过此事后，经理对他冷漠了许多。过了一段时间，他终于按捺不住，敲开了刁经理的办公室问道："刁经理，是不是我上次做得不好，惹您生气了，所以您才对我冷漠的？"

　　刁经理看着小李回答道："事情没有对与错，只是考虑问题的立场不同罢了。在解决问题方面我有我的想法，你也有你考虑的利益。我与你考虑的方法不同，只能说道不同不相为谋。"

　　听了刁经理的话，小李非常懊恼，知道自己不该越级提出有分歧的解决方案，引起别人的误解，损害了彼此建立起来的融洽关系。

其实，当你在没有完成上司交代的任务时，有一些说话上的原则需要注意：

首先，敢于承担自己的错误带来的后果，绝对不能推卸责任。无论是在生活中还是在工作中，都要真诚、正直。真诚、坦诚地承认自己的错误，请上司批评指正，帮助自己提高，让上司看到一个知错就改、积极努力的你。

其次，提前分析好自己出错的原因，找出解决的方案。上司在批评你的时候其实最想听到的话是你给出导致失败产生的详细原因，并且能找出其他的解决方案。因此，你最好在他找你谈话之前就提前做好充足的准备。

最后，看看上司想如何解决，如果不违背原则，就迎合他。千万不要急于表现自己，越级提出自己的解决方法，得罪自己的直接上司。

讲出过程，他人才能理解你

生活中与别人交往，不管是你帮助朋友，抑或是完成上司分配给你的一些任务，最后的结果都未必能使他非常满意。

俗话说"谋事在人，成事在天"。没有达到最终想要的结果，也许是因为自己虽然非常努力地去做这件事，但真的是能力不足，就像你不可能要求一个还没有学会走路的孩子去飞快地跑起来，也许是因为上司没有做到知人善用，也许是那件事情实在是无法完成，等等。

不管是由于什么原因，失败后如何跟他人或者上司叙述自己努力做这件事情的过程，关乎你以后人际交往的好坏，甚至关系到你以后的成功与否！

培华是一名写手，专门负责撰写文稿。有一次，一位不经常联系的编辑找到他，说让他帮着写一些关于饮食与健康类型的稿子。

其实，培华并没有写过这方面的内容，他的强项就只是写励志类的书籍，但是由于培华刚开始写稿，资源有限，因此他非常珍惜这次机会，也希望能借着这次机会锻炼自己在别的题材上发展，因此就满口答应了那位编辑。

到了规定交目录和样章的日子，培华将自己熬了几个通宵的作品交给了那位编辑，满怀信心地以为一定能过。

没想到文章却被批得体无完肤，什么标题主题不突出，内容不准确，标题语言不够新颖，样张内容有严重错误，等等。

看到编辑的意见后，培华顾不上吃饭，急忙上网找资料，重新写标题和样章内容。经过两天的努力，培华终于在第三天上午将新的目录和样章交给了编辑。

这次编辑看后说，目录和样章的内容没有问题了，但是语言过于繁杂、死板，不能提起读者的兴趣。

培华一边询问编辑从哪里可以看到类似书籍的资料，一边又马不停蹄地推敲、撰写。就这样，培华将目录和样章涂了又写，写了又涂，反复琢磨用词，第五天，又把新的作品交给了编辑。

编辑看后又说，这次语言是新颖了，但是内容好像又有点儿偏颇，表达不准确。

没有办法，培华就再接着查资料，接着写。

就这样反反复复进行了十几天，目录和样章还是没有确定下来。

最后那位编辑也着急了，在电话里冲着培华喊道："我都怀疑你根本就不会写文章，拿我练手呢吧！"

培华心里非常委屈，虽然自己没有写出编辑心目中的文

章，但是自己这十几天也是非常辛苦，也在努力地修改自己的
不足。

　　因此他回应道："王老师，从你3月10日让我开始写，到
今天22号截止，12天的时间我把目录修改了至少8遍。像我这
样的写手，本来在医药、健康类的一些术语方面就不是很擅
长，想要保证内容的正确性就需要翻查大量的医药典籍。这些
资料都参差不齐，我还需要对它们进行筛选、对比，最后才能
得出一个比较折中的结论。甚至有时候为了保证我所写内容的
准确性，我还打电话去询问我在医院的亲戚！

　　"为了保证标题语言能瞬间抓住人的眼球，我曾试过标题
用反问句。但是这样又不能让读者一眼就看出本节的内容主要
说的是什么，因此我又反复运用一些网络词语进行修改、替
换。在这几天里，每当我确定了一个标题，至少要翻查20多篇
文章来进行确认。一天的时间里几乎能坐在电脑边十五六个小
时，看电脑看得我头晕眼花。虽然您说读我的文章还是找不到
一种应有的感觉，我想说的是，非常遗憾，可能我对这件事情
真的做不来！"

　　听了培华的这一番话，那位编辑若有所思地说："那好
吧，这个你先放一放，我找别人写。"

　　过了几天，培华意外地收到了来自那位编辑的电话。原来
那位主编听了培华的话，回去又反复查看了这几天他发送来的
目录和样章，真的感觉培华是非常努力地想要把文章写好。虽
然最后的结果不尽人意，但是努力的过程却值得赞扬，他这次
特意来让培华写另外一种类型的文章。

从此以后，只要是有资源，那位编辑总是第一个想到培华，在他的帮助下，培华也认识了许多著名的大编辑、大教授，名气和文笔水平也大有提高！

培华正是在自己没有达到那位编辑要求的目录和样章的时候，懂得将自己努力做这件事情的过程讲述给那位编辑听，才能够促使编辑重新对他进行认识，从而认为他是一个非常努力上进的人，才愿意给他介绍资源，甚至是和他交朋友。

其实，人们都愿意与努力拼搏、脚踏实地的人交往。所以，当别人让你做一件事情的时候，虽然你的结果没有令对方非常满意，或者是完全失败了。你也要向对方详细地讲述自己努力做这件事情的过程，让对方觉得你是真真正正地把他的要求放在了心上，你在非常努力地付诸实际行动。当他看到你的这种实干精神，就会被你的精神所感动，愿意与你敞开心扉做朋友！

做好补救方案，减少失望感

有时候，别人请你做一件事情，或者公司上司委派给你一个任务，最后你却没有做到，甚至由于你的错误产生了很大的损失，难免会让对方心里不舒服或者是对你大发雷霆，对你们彼此的交流、交往产生损害！

但是，在事情没有完成的情况下，如果你能够及时给上司提供一个补救方案，让事情得以解决，或者让损害减少到最小化，就能够让自己免受上司的苛责，至少可以减少对方对你的失望感。

小金是一个快递公司的人事主管，日常工作就是做考勤、算工资、给员工培训、制订各种考核制度以及为员工办理各项福利制度。

有一次，老板跟小金说，以后要让他主要负责与外部人员的沟通，比如保险、财险等方面。工资、考勤这方面要他交给下属小刘来做。小刘是新来的，所以老板就让小金在这个月试着教教小刘做考勤。

听了老板的安排，小金立刻开始实施。小金首先跟小刘讲解了一遍公司的考核制度；然后又领着他来到了考勤打卡机的旁边，告诉他这个考勤机就是做考勤的基本数据，并把如何将基础数据从考勤机里导出来，给小刘做了一遍演示；最后嘱咐他下个月1号就要把考勤基础数据导出来，为15号的发工资做准备。

但是，第二天一大早，他还没有起床，就收到了小刘的电话，说自己把考勤机里的数据都删掉了！

原来小金走后，小刘就想按照小金教给他的方法试着做一遍，结果操作到中间一不小心按到了删除键，就把数据全部删除了。这些数据是从终端机上删除的，小金询问过技术人员，数据根本没办法恢复！

其实在表面看来，直接造成这件事情的责任在小刘，但是小刘是小金的下属，而且带领新人学习也是老板交给他的任务。下属出错，那就是小金没有做好工作，他肯定也有责任。

果然，第二天一上班老板就把小金叫到了办公室，对他大发雷霆："你怎么能让小刘一个人导数据呢？他是新来的，他怎么会？"

小金解释道："是他自己一个人擅自导数据的。"

"即使是他擅自动考勤机，那不是还有你呢吗？我不是让你带着他呢吗？你怎么不提醒他？现在考勤数据没有了，怎么做工资？15号怎么给员工发工资？"老板暴跳如雷地朝着小金咆哮。

小金也是懊恼万分，心想现在的最大问题就是如何能把工资造出来，让公司的损失减少到最小。

突然他灵机一动说道："孙总，既然事情已经出了，不管是谁的责任，现在关键的事情就是如何解决考勤的事情。其实我平时还要求车间员工对自己的考勤进行纸质报备，每天由车间主管对他们进行点名。虽然这些纸质考勤不如咱们的电子考勤准确，难免会有一些员工钻空子，但是差别也不会太大。至于办公室的人员，我这里有一份纸质的考勤，也可以参考着来做。不如这个月的工资就以纸质考勤为基础来做吧。"

听了小金的话，老板语气有所缓和地说："按纸质考勤来做，肯定不准确，公司会有损失。不过又能有什么别的办法呢，总比没有考勤，都给他们按照满勤来做工资好，那就按你的这种方法来做吧！"

就这样，一场"危机"顺利过去了，事后老板也没有追究任何人的责任，也没有迁怒于小金，仍然把最重要的工作交给他来做。

正是由于小金在出现错误时，及时给出了老板另一种替代方案，令问题得以最终解决，才不至于让自己受到责难，影响自己的工作。

其实，只要是人，就会出错；只要是人就难免会做事情失败。这些错误可能是由于自己的疏忽，也可能是自己能力不足；也可能是在做事情的时候，大环境发生了变化，也可能是一些不可抗力因素。

比如，经理本来打算让你去接一位客户，结果由于堵车你感觉自己时间赶不上了；比如老板让你去催款，由于你个人性格内向，不善交际，导致催款失败；再比如由于你的疏忽，跟客户传达错了参观工厂的日期，客户在你们没有准备好的情况下就突然造访；等等。

总之，面对既定的事实，谁也没有办法让时光倒流，做一次重新的选择。面对失败，老板的第一反应肯定是对你责难、失望，或者对你的处事方法持怀疑态度。他对你愤怒、批评是由于他对你期望太高，对你的办事能力做出了错误的评估，导致了事情的失败。这里面既有对你的失望，也有对自己做出错误决定的懊恼。

此时他最关心的事情不是如何责罚你以泄火，而是如何在最短的时间内将事情挽回，或者找到其他的补救方案。如果此时你能够向老板提出一些补救方案，你们彼此就可以心平气和地进行交流、沟通，从而令事情得以解决。当然，老板对你的失望感也就大大降低了。

运用数据，更具说服力

你总会发现这样一个现象：老板总是给员工制定一些非常高的目标，员工也经常会因为这些目标过高而令老板"失望"。有时候，你没有令老板满意不是因为你比别人差，也不是因为你没有努力，而是因为这件事情想要达到老板的要求真的特别难。老板是想要你来一次"突破"，而你只能努力做到比往期好一点儿，或者与往期持平。

此时，面对老板口中所谓"不好"的成绩时，如果你默默承受，就是将失败的原因全部归咎于自己，潜台词就是承认自己能力差，或者是没有努力工作。这在你的职场生涯中就会导致别人对你的好印象减分，对于你是非常不公平的。

因此，面对难以完成的目标，或者是老板给你指派超负荷的工作时，运用对比数据来为自己"辩解几句"才是职场交际的法则。

董宇是一名饮品销售公司的业务员。旺季来临，公司老板给各位业务员制定了非常高的目标。既要求业务量，又要求市场占有率，还要求各位业务员的终端拜访量，甚至是新品的铺货量。

上个月的任务非常高，董宇压力特别大。在热火朝天地大干一个月后，董宇上个月的业绩出来了，只完成了80%的订货量，离业绩达百还差30多万的货款。

由于董宇没有完成上级定的目标，所以开完会议后他被市场部的黄总监叫到了办公室。

"小董，你怎么回事，上个月的业绩为什么没有完成？为什么别人都达百，甚至是超百完成了业绩，而你却只完成了80%的任务？是不是工作上有情绪？还是你能力不足？如果你今天不说出个所以然的话，将会对你罚款1000元！"

面对总监的指责，董宇无话可说，毕竟自己没有完成任务是事实。但是面对总监的误解，董宇还是辩解道："黄总，我上个月没有完成任务是有原因的。"

听了董宇的话，总监饶有兴致地说："那你说说看。"

"我没有完成任务是因为公司给的任务量太大。首先，去年同期水平的任务量是60万，市场占有率是30%，并且只要求维护现有的终端店就可以了。而今年上个月，公司却给我制定了150万的任务，业绩量比去年的两倍还多。虽然我今年只完成了80%的任务，回款数额上却达到了120万。同比去年增长率，几乎高出了50个百分点。相对于跟我同级的县来说，我的任务比他们高出了60个百分点。如果拿我现在的业绩量跟他们对比的话，我也是超百达成目标的。其次，对于公司上个月刚上市的凉白开，我的市场占有率达到了30%，铺货率达到了100%。相对于前两个月来讲，增长速度呈直线上升，新品单品的发货量达到了17万，比上上个月整整高出了11万。我敢说，在这种情况下，公司没有一个人能保证100%完成任务。"

听了董宇的话，总监气色微缓地说道："嗯，上个月你的任务是重，你在其他品项上完成得不错，整体来看也是情有可原的。这个月的处罚就算了，下个月一定要争取达百！"

"好的，下个月保证完成任务！"董宇信心满满地跟总监保证道。

正是由于面对超额的工作量，在没有完成任务的情况下，面对总监的责问时，董宇懂得用以往的数据来进行对比，使自己没有完成任务的理由变得"情有可原"，才使其免受责罚。

有时候，职场生活中，难免会遇到一些"不可能"完成的任务。比如，老板让你在有限的时间内完成不可能完成的工程量；比如，老板想要你在工资待遇一般的情况下，加班加点生产；再比如，人才紧缺的环境下，老板希望你招到多于往常两倍的业务员；等等。

当你在这些"不可能"完成的任务下，虽经过自身努力，仍然无法完成任务时，就应该在面对上司的责难时，进行辩解。因为如果此时你选择沉默，就代表了默认，证明事情的结果完全是由于自己的不努力导致的，就会承担不属于自己的责任，甚至会让上司认为你工作态度不端正，或者是对他的决策有意见，影响你的职场交际。

最聪明的做法就是在面对这些"不可能"完成的任务下的"不公平责难"时，举起数据对比的反抗大旗，为自己辩解，合理地维护自己应受到的待遇和权益。

学会运用数据对比向上司进行说明，会更具有说服力。数据是一些经过事实验证，并得到大家认可的结论。在面对这些"铁证如山"的证据时，任何人都无法反驳，这会比你在那儿滔滔不绝地说上一整天的客套话、空话，对你的上司都更有冲击力。在既定的事实面前，人们都会有一个"从众心理"，既然事实证明大家都做不到，那么你的失败也就是"情有可原"的。

承担责任，人人都信你

在人们的职场生涯中，失败是常有的，出错也是常有的，既然有了错误，就难免会担责任。在面对属于自己的责任时，一个善于交际的人，总是会勇于承担属于自己的责任。

静静是一家广告公司的平面设计师。有一次，一位客户要在一个广场做活动，需要一块大型的喷绘海报。

由于客户的活动时间比较急，距离活动开始又比较紧，因此那位客户就跟静静说："我没有时间来跟你确认版面。我把内容留给你，版面你根据自己以往的经验，怎样看着大气、好看就怎样设计吧。"临了的时候客户说了一句什么字体，由于人太多，静静没有听清。

客户走后静静就开始忙着找图片，设计图案和版面。

终于在客户活动的当天一大早就将喷绘布打印了出来，并通知他过来取。

但是，客户来拿喷绘布的时候，却发生了不愉快。原来，静静给他设计的整体版面是红底黑字，这是很普通的一种设计方法，却不想碰到了这位客户的忌讳。他觉得红底黑字是死人用的主题色，拒绝接收！并且强调，那天他临走的时候已经提醒过静静，要用红底黄字。

听了客户的话，静静才恍然想起自己没有听清的那句话，都怪自己没有多个心眼再向客户确定一下。

客户走后，经理将静静叫到了办公室说："现在客户拒不接收这块布，我们原材料受到损失也就罢了，关键是如果客户还要追究我们耽误他做活动的事情怎么办？"

静静听了经理的话回答道："经理，我知道这次的事情怨我，我愿意承担这个责任！等一下我跟客户商量一下，按他要的字体颜色再给他抓紧时间重新出一块布。如果他要追究耽误他活动的责任，我也会跟他商议做出一些经济补偿，这些费用全部算在我的头上，从我工资里扣除吧。"

经理听了静静的话，心想：她一个小姑娘，竟有如此大的担当。经过这件事情之后，经理认为静静是一个有责任感的人，值得担当更重要的职位，于是就提拔她做了设计部主管。

静静正是由于在面对自己的疏忽而造成的失误后，不推脱，勇于承担自己的责任，才能够让自己"因祸得福"。

耿军是一个房地产公司的市场部总监，自己营销指导上的错误，导致许多本来意向不大的客户，却被自己的下属拉来强行推销房源。结果被强行推销的客户，虽然当时排了卡，但是开盘的时候却没有来选房，反而本来意向很大的客户因为被排到了后面，却没有买到合适的房子。这不仅使公司的业绩出现了严重下滑，还导致公司的信誉和名声受损。

老板对这个结果大不满意，在会议上将耿军训斥了一番。面对众多的指责，耿军毫不犹豫地承担了责任，被公司降职成了销售经理。正是由于他勇敢地站了出来，自己的众多下属才没有因此而受到牵连。

经过这件事情后，同事和下属都被耿军的仗义所感动，在以后的工作中都纷纷配合他出色地完成公司的指标，不久后耿军又因表现突出而恢复到以前的职位了。

你看，耿军也是在自己出现错误后，勇于承担责任，才会让自己"虽败犹荣"；才能在失败的劣势下，维护了自己的仗义形象。

其实，人生来就要为自己的过错"买单"。调皮的儿童会由于自己的顽皮而遭到妈妈的责罚；不忠的情侣会为他的错误付出感情破裂或者离婚的代价；导致公司损失的员工也要为自己的行为受到降薪、降职的处罚。总之，在面对由于个人原因而导致的错误时，如何收场关系到一个人之后的职场成败。

有一个人说过："人生所有的履历都必须排在勇于负责的精神之后。"勇于承担责任的精神能够改变一切，它可以使你变得优秀，生活更加丰富多彩；它可以帮你成为一个值得信赖的人，从而强化你的人际关系；而且，它可以让你频频获得好运气的眷顾，从而扭转你的职业轨迹，使你步步登高。

　　一个懂得承担自己责任的人，会让别人看到他"敢作敢当"的人格魅力。这样的上司，下属怎会不死心蹋地地追随？这样的同事，别人又怎会不愿意与其交朋友？

　　在这个社会，一个勇于承担责任的员工会很受老板赏识，因为老板会觉得这个人有责任心，值得信赖，能够放心地对他委以重任。

　　所以，在职场交际这个大环境的博弈中，一个懂得说话艺术的人一定会在做错事情，或者是在结果没有达到对方满意的时候，勇于站出来承担自己的责任，迎来自己人生的"峰回路转"和"柳暗花明"。